KB041989

가장 인기있는
프로그래밍 언어
67개 수록

Bash
BASIC
C
C#
C++
COBOL
CoffeeScript
csh
Erlang
Fortran
Go
Java
JavaScript
Kotlin
LISP
Lua
Objective-C
Pascal
Perl
PHP
PostScript
Prolog
Python
R
Ruby
Scratch
Smalltalk
SQL
Swift
Tcl
Visual Basic

For Programming Language Lovers

프로그래밍 언어도감

마스이 토시카츠 저 · 김형민 역

초보자를 위한 프로그래밍 언어 선택 가이드

프로그래밍 기초 지식과 언어별 특징 및 기능 소개

온라인에서 바로 실행할 수 있는 샘플코드 수록

YoungJin.com
영진닷컴 Y.

프로그래밍 언어 도감

Programming Gengo Zukan by Toshikatsu Masui
Copyright ©2017 Toshikatsu Masui
All rights reserved.
Original Japanese edition published by Socym Co., Ltd

Korean translation copyright ©2018 by Youngjin.com
This Korean edition published by arrangement with Socym Co., Ltd through
HonnoKizuna, Inc., Tokyo, and Shinwon Agency Co.

독자님의 의견을 받습니다

이 책을 구입한 독자님은 영진닷컴의 가장 중요한 비평가이자 조언가입니다. 저희 책의 장점과
문제점이 무엇인지, 어떤 책이 출판되기를 바라는지, 책을 더욱 알차게 꾸밀 수 있는 아이디어가
있으면 이메일, 또는 우편으로 연락주시기 바랍니다.

의견을 주실 때에는 책 제목 및 독자님의 성함과 연락처(전화번호나 이메일)를 꼭 남겨 주시기
바랍니다. 독자님의 의견에대해 바로 답변을 드리고, 또 독자님의 의견을 다음 책에 충분히 반영
하도록 늘 노력하겠습니다.

ISBN   978-89-314-5810-7

이메일   Support@youngjin.com

주 소   (우)08505 서울시 금천구 가산디지털2로 123
            월드메르디앙벤처센터2차 10층 1016호

등 록   2007. 4. 27. 제16-4189호

저자 마스이 토시카츠 | **번역** 김형민 | **책임** 김태경 | **진행** 최윤정
표지 박지은 | **본문** 이경숙

들어가며

세상에 존재하는 프로그래밍 언어는 사람들에게 많이 알려진 것만 해도 수백 개에 이르고, 개인적으로 개발하고 있는 언어나 교육 현장에서 훈련용으로 작성된 것을 포함하면 그 숫자는 더욱 방대합니다. 물론 지금도 계속 늘어나고 있습니다.

다양한 컴퓨터 언어를 볼 수 있는 유명한 사이트로 '99 Bottles of Beer'(http://www.99-bottles-of-beer.net/)가 있습니다. 고전 동요의 가사를 다양한 언어로 출력하고 있는데, 여기에 올라온 프로그래밍 언어는 이 책을 쓰는 시점으로 1,500종류를 넘었습니다.

왜 이렇게 많은 언어가 개발되고 있는 것일까요? 그 이유는 전달 대상 때문인지도 모르겠습니다. 언어는 상대에게 의사를 전달할 목적으로 사용되고 있습니다. 우리가 보통 사용하는 언어처럼 대상이 사람이라면 그 대상도 같은 언어를 이해할 수 있어야 합니다.

하지만, 프로그래밍 언어의 경우에는 전달할 대상이 컴퓨터이기 때문에 컴퓨터가 이해할 수 있는 언어를 작성하기만 하면 되는 것입니다. 그래서 프로그래밍 언어는 혼자서도 개발할 수 있습니다. 만약 여러분이 오늘 새로운 언어를 개발한다면 즉시 사용할 수 있습니다. 그래서 많은 개인이나 기업이 프로그래밍 언어를 개발했고 그만큼 많은 언어가 존재합니다. 그 중에서 자신에게 맞는 언어를 선택해야 합니다.

프로그래밍을 배울 때 어떤 언어로 시작하면 좋을지에 대해서는 자주 논쟁이 일어납니다. 학교의 수업에서 사용하는 경우는 다른 선택지 없이 선생님이 선택한 언어로 시작할 것입니다. 업무의 경우는 회사의 방침이나 고객의 요구에 따라서 정해지는 때도 있습니다. 하지만 개인적으로 흥미를 가지고 배우려고 하는 사람은 많은 언어 중 일단 하나를 선택해야 하는 상황에 처합니다.

새로운 언어를 배우는 이유도 각자 다 다릅니다. 처음 배운 언어에 불만이 있는 사람, 언어 그 자체에 흥미가 있는 사람, 일 때문에 어쩔 수 없이 공부하는 사람…

새로운 언어를 선택할 때 더 중요하게 여기는 부분도 다릅니다. 빠른 속도로 처리할 수 있는 것을 원하는 사람, 사용하기 쉬운 것을 중요시 하는 사람, 기존의 환경과의 친화성을 중요하게 생각하는 사람…

그 중에는 새로운 언어가 등장하면 무조건 경험해 보고 싶어할 정도로 호기심이 왕성한 사람도 있습니다.

반대로 '지금 언어를 사용하는데 불편함이 없다'며 전혀 배우려고 하지 않는 사람도 있습니다. 하지만 정말 새로운 언어를 배울 필요가 없을까요?

프로그래밍을 하다 보면 '왜 이 처리를 몇 번이나 써야 하지?'하는 의문이나 '컴파일을 할 때 시간이 걸려서 불필요한 시간을 쓰고 있어', '무리하게 짧은 납기일 내에 개발을 끝내야 해' 등 다양한 상황이 발생합니다. 이 때 다른 프로그래밍 언어를 사용하면 원하는 처리의 실현이 의외로 간단하게 해결될지도 모릅니다. 복잡한 처리를 구현하는 것이 힘들었는데 언어를 바꾸자 간단하게 구현할 수 있는 경우도 있습니다.

프로그래밍을 할 때의 사고 방식은 그 언어의 라이브러리에 영향을 받는 경우가 많습니다. 언어가 바뀌는 것만으로 사고 방식이 변하거나, 새로운 발상이 가능하게 될지도 모릅니다. 언어에 의해서 사고 방식이 제한되어 버린다면 아쉽지 않을까요?

지금 사용하고 있는 언어에 불만이 없어도 새로운 언어를 배우는 것으로 다른 관점에서 사고할 수 있게 되는 경우가 자주 있습니다. 지금까지 사용하고 있던 언어에서도 새로운 구현 방법을 발견해서 깊은 이해로 이어질지도 모릅니다. 여러 프로그래밍 언어를 배우는 것만으로 프로그래밍 기술이 크게 향상되는 경우도 있습니다.

명저로 알려진 『실용주의 프로그래머』(앤드류 헌트, 데이비드 토머스 지음)에서는 '매년 적어도 1개의 언어를 학습한다'라고 쓰여있기도 합니다. '그럴 시간이 없다'는 사람이 있을지도 모르지만, 처음 언어를 배울 때에 필요한 시간과 비교하면 2번 째 이후의 언어는 훨씬 적은 시간으로 학습할 수 있습니다.

필자가 좋아하는 책으로 『3의 발상』(요시자와 미쓰오 지음, 신초샤)이라는 책이 있습니다. 수학 교육에 관한 내용입니다만, 그 안에는 '3'이라는 숫자와 관련된 이야기가 많이 등장합니다. 예를 들면 곱셈을 배울 때 1자리 수의 곱셈을 암기해 2자리 수의 곱셈을 써서 계산하는 것을 배워도, 3자리 수의 곱셈은 할 수 없다는 내용이 있습니다. 하지만 3자리 수 계산이 되면 4자리 수나 5자리 수는 물론이고 100자리, 1000자리도 가능합니다.

이렇게 하나나 둘로는 보이지 않았던 것이 세 번째를 배움으로써 보이게 되는 경우도 있습니다. 프로그래밍 언어에서도 마찬가지라고 할 수 있습니다. 그래서 적어도 3종류의 프로그래밍 언어를 공부하기를 권하는 것입니다.

이 책에서는 세상에 존재하는 많은 프로그래밍 언어 중에서 67개의 언어를 선별해서 소개합니다. 선택의 기준은 크게 두 가지입니다.

첫 번째 기준은 '사용자가 간단하게 실행할 수 있어야 한다'는 것입니다. 프로그래밍을 시작할 때 가장 먼저 부딪히는 장벽은 환경을 갖추는 것입니다. '컴파일러를 도입해야 해서, 인스톨에 실패한다, 설정이 복잡해서 어렵다'와 같은 상황이 발생한다면 언어 공부를 시작하기도 전에 좌절해버릴 수 있습니다. 그래서 인터넷 상에 실행 환경이 준비되어 있고, 웹 브라우저만 있으면 동작시켜 볼 수 있는 것들을 중심으로 선택했습니다. 이 책에서 소개하고 있는 언어의 대부분은 인스톨 등을 하지 않고도 온라인 상에서 실행해 볼 수 있습니다.

2번째 기준은 '많은 사람들이 사용하고 있어야 한다'는 것입니다. 수많은 프로그래밍 언어가 있지만 실제로 많은 사람들에게 사용되고 있는 것은 매우 적습니다. 그 중에서 특히 많이 사용되고 있는 것, 이후에도 지속적으로 사용될 것 같은 것을 선택하였습니다. 여기에는 필자의 주관이 개입되어 있습니다. 소개하고 싶은 언어는 이외에도 많이 있지만 페이지 수의 제한이 있어서 생략하였습니다.

이 책을 읽는 독자분 중에는 이미 특정 언어를 마스터하고 다음 언어를 선택하는데 참고하기 위해서 읽는 분도 있겠지만, 이제 처음으로 프로그래밍을 시작하려고 하는데 어떤 언어부터 시작하면 좋을지 알아보기 위해서 읽는 분도 있을 것입니다.

그래서 앞부분에 프로그래밍에 관한 기초지식을 정리하고 있습니다. 그리고 마지막에는 어떻게 프로그래밍 언어를 선택하면 좋을지에 대해서 다양한 관점을 정리해 두었습니다.

많은 분들에게 이 책이 새로운 프로그래밍 언어를 배우는 것뿐 아니라 프로그래밍 기술을 향상시키는데 도움이 되기를 바랍니다.

마스이 토시카츠

옮긴이의 말

새롭게 시작하는 것은 항상 쉽지 않습니다. 오죽하면 시작이 반이라고 할 정도니까요. 그리고 그 어려움의 절반은 선택에 있는 것 같습니다. 처음 가는 길이라 혼란스럽지만 어찌 되었든 방향을 잡고 발걸음을 내디뎌야 하니까요.

프로그래머라는 길 위에서 가장 먼저 선택해야 하는 것은 사용할 컴퓨터 언어입니다. 저 역시 처음 프로그래머가 되겠다고 마음 먹었을 때 어떤 언어를 먼저 배우면 좋을지 한참 고민을 했었습니다.

자연스럽게 구글링을 했고 끝없이 이어지는 검색 결과들을 볼 수 있었습니다. 분명 어떤 언어들이 있는지 감을 잡는 데는 도움이 되었지만 의견들이 다양해서 오히려 더 어지럽기도 했습니다. 그 때 만약 이 책을 만날 수 있었으면 어땠을까 하고 생각해봅니다.

『프로그래밍 언어 도감』에서는 컴퓨터 언어의 특징과 선택에 방법 등에 대해서 쉽게 전하고 있습니다. 언어를 선택하는 여러 기준을 소개하고 있기 때문에 자신에게 맞는 방법을 선택하면 도움이 될 것입니다.

또 마지막 부분에서 프로그래밍 언어를 배우는 데 필요한 가장 기본적인 개념들을 소개하고 있어 꼼꼼히 읽어본다면 앞으로 컴퓨터 언어를 배워 나가는 데 좋은 자산이 되어줄 것입니다.

만약 두 번째 이후로 배울 언어를 찾고자 하는 분이라면 책 마지막 부분에 첨부되어 있는 계보나 연표를 통해서 전체적인 흐름을 파악하고 궁금한 언어를 골라 보거나 지금까지 배운 언어와는 이질적인 특징을 가진 언어를 선택해서 참고할 수도 있을 것입니다.

또 미국 국방부에서 사용되는 컴퓨터 언어, 비행기에 사용되는 컴퓨터 언어, 인공지능에 사용되는 컴퓨터 언어, 취미 삼아 만들어진 난해 언어 등 사용 배경과 관련된 궁금증을 해소할 수도 있습니다.

아직 국내에서는 이렇게 컴퓨터 언어 전반에 대한 내용을 쉽고 간편하게 접할 수 있는 책이 드문 것 같습니다. 이 책을 통해서 한 분이라도 컴퓨터 언어에 조금 더 쉽게 다가갈 수 있게 된다면 옮긴이로서는 더 없이 기쁜 일이 될 것 같습니다.

감사합니다.

김형민

김형민

동국대학교에서 일본어 교육학을 전공했고 프리랜서 일본어 통/번역가로 활동했다. 또 사람들의 변화를 돕기 위해 기획된 20x20라는 강연 프로그램(EBS 방영)에서 연사들의 이야기 전달을 돕는 콘텐츠 큐레이터로 활동을 하기도 했다. 이후 떠올린 아이디어들을 구체화 할 수 있는 프로그래밍과 AI에 매력을 느껴 프로그래머가 되기로 했고, 지금은 웹 개발과 AI 개발을 하고 있다. 프로그래밍에 관한 것들을 조금이라도 더 쉽게 나누고 싶어서 네이버에서 '쉽게 읽는 프로그래밍(https://magnking.blog.me/)'이라는 블로그를 운영 중이다.

차례

프로그래밍 언어의
특징과 역사

프로그래밍 언어를 선택하다

프로그래밍을 배우는 것은 수단인가 목적인가?

'프로그래밍 언어'를 배우기 전에 '프로그래밍'을 배우는 목적에 대해서 먼저 생각해 봅시다. 프로그래머라면 일 때문에 필요한 사람뿐 아니라, '소프트웨어를 판매해서 큰 돈을 벌고 싶다', '새로운 서비스를 개발해서 사회에 공헌하고 싶다'라는 꿈을 가진 사람이 있을지도 모르겠네요. 학생이라면 '미래를 위해서 배워두고 싶다', '게임을 만들어서 즐기고 싶다'라는 경우가 많겠죠. 프로그래머 이외의 직종이라도 '일을 자동화 해서 편하게 하고 싶다', '입력한 내용에 오류가 없는지 체크하고 싶다'라는 사람도 있습니다.

어느 것이든 실현하고 싶은 기능이나 목표가 있고, 그것을 실현하기 위해서 프로그래밍 언어를 사용하고 있습니다. 그 목적을 달성할 수 있다면 어떤 언어를 사용하는지는 중요하지 않겠죠. 즉, 많은 사람들에게 프로그래밍은 어디까지나 목적을 달성하기 위한 수단이고, 그 목적을 위해서 프로그래밍 언어를 배우는 것입니다.

한편으로는 프로그래밍 그 자체를 즐기고 있는 사람들도 꽤 있습니다. 특별히 만들고 싶은 게 있는 것은 아니지만 '프로그래밍을 하는 것 자체가 즐겁다'라는 사람들입니다. 프로그래밍은 컴퓨터만 있으면 되고 혼자서 만드는 것도 가능해서 자신이 생각하는 대로 움직일 수 있는 몇 안 되는 것들 중 하나이죠.

'새로운 프로그래밍 언어를 만들고 싶다'라고 생각하는 사람들도 있습니다. 이 경우는 조금 복잡해서 목표가 다른 곳에 있다고 해야 할지도 모르겠습니다. 컴퓨터의 동작 원리를 배우기 위해서 만들고 있는 사람, 기존 프로그래밍 언어에 불만이 있는 사람, 적은 코드량으로 효율적인 프로그램을 구현할 수 있으면서 자신의 취향에도 맞는 프로그래밍 언어를 만들고자 하는 사람 등 다양합니다.

이렇게 프로그래밍을 배우는 것은 수단일 뿐 아니라 목적인 경우도 있습니다. 프로그래밍 언어는 인간과 컴퓨터의 인터페이스 역할을 하기 때문에 프로그래밍 언어를 사용하지 않으면 인간이 하고 싶은 일을 컴퓨터에게 전할 수 없습니다.

알고리즘을 배우는 것도 중요하지만, 알고리즘만으로 컴퓨터는 움직여주지 않습니다. 컴퓨터로 하고 싶은 것을 구현하기 위해서는 몇 가지 프로그래밍 언어를 배우는 것은 필수라고 할 수 있습니다.

프로그래밍 언어를 어떻게 선택할까

이 책에서는 기존의 프로그래밍 언어를 '수단'으로 사용하기 위해서 배우는 경우를 생각해 보겠습니다. 원하는 기능이나 목적을 단기간에 구현하기 위해서는 그 기능에 맞는 최적의 언어를 선택해야 합니다. 많은 경우 만들고 싶은 내용이 결정되면 구현 가능한 언어의 수는 어느 정도 추려낼 수 있습니다. 또 많은 개발 현장에서 표준이 되는 언어도 존재합니다.

예를 들면 Windows 데스크톱 애플리케이션을 만들고 싶다면 C#, iPhone 애플리케이션을 만들고 싶다면 Objective-C나 Swift, 렌털 서버에서 동작시키는 웹 애플리케이션이라면 PHP나 Perl, Excel 처리를 자동화하고 싶다면 VBA 등을 선택한다면 크게 문제는 없을 것 같습니다.

다만 '취업이나 이직을 위해서 프로그래밍 기술을 익히고 싶다'라는 사람도 있습니다. 이렇게 만들고 싶은 내용이 정해지지 않은 경우도 있습니다. 이 경우도 '프로그래밍 언어를 배우는 것'은 수단이지만, 목적이 조금 다릅니다. 취업이나 이직이라는 목적을 위해서 막연하게 프로그래밍 공부를 시작하기 때문에 언어의 선택지가 넓은 상태입니다.

대학생들도 비슷한 이유로 프로그래밍을 배웁니다. 기술을 익히기 위해서가 아니라 학점을 따기 위해서 공부를 하는 사람도 있어서 학교에서 지정해 놓은 언어 이외에는 있는지조차 모르는 사람도 있습니다. 만들고 싶은 것이 없으면 도중에 질려서 포기해버리는 사람도 많습니다.

어떤 언어부터 배울지 고민할 때 다른 사람들에게 추천하는 언어를 물어보는 것도 하나의 방법입니다. 다만 질문하는 상대에 따라서 다양한 답이 돌아올 것입니다. 'C언어가 만능이니까 알아두어야 한다'라는 사람, '간단한 PHP가 입문에는 가장 좋다'라는 사람, '수요가 많은 Java가 좋다'라는 사람... 모두 틀린 대답은 아니지만, 이제 막 프로그래밍을 시작하는 초보자에게는 혼란스러울 수 밖에 없습니다.

최근의 트렌드를 조사하는 것이라면 인기 랭킹을 보거나 구인 정보를 조사하는 것도 도움이 되는 방법입니다. 경력자 채용을 하고 있는 기업의 채용 정보를 보면 어떤 언어를 사용하는 인재를 구하고 있는지 최근의 경향이 보입니다.

복수의 프로그래밍 언어가 존재하는 이유

이제 막 프로그래밍을 시작하는 입장에서 보면 왜 프로그래밍 언어가 이렇게 많이 있는지 궁금해 할 것입니다. 이렇게 프로그래밍 언어의 선택지가 많으면 선택하는 것도 힘들고, 한 번 익힌 지식이 다른 언어에서 얼마나 도움이 될지 걱정이 되기도 합니다.

프로그래밍 언어가 계속 늘어나고 있는 것은 각 언어의 개발자가 하고 싶은 것을 구현하는데 가장 적절하다고 생각하는 방법으로 만들고 있기 때문이기도 합니다. 과거에 존재했던 언어에 대한 불만 때문에 생겨나는 언어, 좋은 점은 그대로 사용하고 더 사용하기 쉽게 하려고 개발된 언어 등 다양합니다.

인간이 사용하는 자연 언어와는 달리 프로그래밍 언어는 누군가가 설계해서 만든 것입니다. 즉, 각 프로그래밍 언어에는 개발자의 바램이 듬뿍 담겨 있습니다.

프로그래밍 언어를 만들고 있는 것은 개인들만이 아닙니다. 기업이 자사의 제품에 맞는 가장 적합한 언어를 개발하는 경우도 있고, 학교에서 교육용으로 만들어진 언어도 존재합니다. 물론 취미로 만드는 사람도 있을 것입니다.

개발에 있어서 설계를 할 때의 시점도 만드는 사람에 의해서 달라집니다. 프로그래밍 능력을 향상시키기 위해서 개발하고 있는 사람도 있고 장난삼아 만들고 있는 사람도 있습니다. 언어를 개발한 것을 어필하기 위해서 일종의 브랜드로서 지명도를 높이기 위해서 개발하는 기업도 있을 것입니다.

그 결과로 계속해서 새로운 언어가 등장하고 있습니다. 물론 거의 쓰이는 일이 없는 언어도 있지만 지금까지의 언어에 있던 약점을 수정해서 개발되었기 때문에 일반적으로 나중에 등장한 언어 쪽이 기능이나 성능 등의 면에서 향상된 경우가 많습니다.

복수의 프로그래밍 언어를 배우는 이유

새로운 언어가 지금까지의 언어의 문제점을 해소해 주고 있다면 계속 새로운 언어만 공부하면 될 것입니다. 하지만 모든 면에서 완벽한 언어란 존재하지 않습니다. 처리속도를 추구할 것인지, 사용의 편리성을 추구할 것인지, 안전성을 높일 것인지 등 한쪽을 선택하면 다른 면이 희생됩니다. 또 하드웨어나 이용자의 사용 방법도 바뀌기 때문에 같은 언어로 모든 환경에 다 대응하는 것은 어렵습니다.

그래서 많은 프로그래머가 복수의 언어를 공부하고 있습니다. 이 책도 특정 언어를 추천하는 것이 아니라 여러 언어를 배우는 데 도움이 되는 것을 목표로 하고 있습니다. 그 이유는 복수의 프로그래밍 언어를 알고 있으면 보다 좋은 선택지를 발견할 가능성이 높기 때문입니다.

웹 서비스를 만든다, 스마트폰 앱을 만든다 등 목표가 있고 그 목표에 맞는 언어를 선택했다고 해도 그것이 최선이라는 보장은 없습니다. 계속해서 새로운 기술이 등장하고 있고, 다른 언어에는 더 편리한 라이브러리가 갖추어져 있을지도 모릅니다.

기분전환으로 새로운 언어를 다루어 보는 것으로 그 언어를 좋아하게 되는 경우도 드물지 않습니다. 사람마다 추구하는 것이 다르고 '더 빠른 속도로 실행할 수 있다', '코드량이 적다' 등 다양한 장점이 보이게 됩니다.

또, 다른 언어를 아는 것으로 새로운 발견을 하게 되어 반대로 이전의 언어에서도 보다 읽기 쉽고 더 빠른 처리가 가능하도록 코드를 작성할 수 있게 될지도 모릅니다. 물론 부분적으로라도 다른 언어를 도입하는 것에 대해서 고민해볼 수 있는 기회가 되는 경우도 있을 것입니다. 그러기 위해서는 비슷한 언어를 배우기보다는 전혀 다른 타입의 언어를 배우는 쪽이 효과적이라고 할 수 있습니다. 그래서 다음은 프로그래밍 언어가 등장한 역사나 분류를 살펴보면서 각각의 특징에 대해서 생각해 보겠습니다.

프로그래밍 언어의 역사

고급 언어의 등장

각 언어가 등장한 역사를 돌아보면 시대 배경이나 개발을 둘러싼 환경의 변화가 보이는 경우가 있습니다. 역사를 배우면서 왜 이런 언어가 만들어졌는지 어떤 사상이 있었는지 이후 어떤 방향으로 나아갈 것인지 상상해 봅시다. 예를 들어 1960년대를 생각해 보겠습니다. 지금과 같은 컴퓨터가 등장했던 것은 1945년경이라고 할 수 있습니다. 1950년대 전반까지는 기계어나 어셈블리어(어셈블러)를 사용하고 있었지만 이때부터 조금씩 고급 언어가 등장합니다.

물론 어떤 프로그램이든 기계어를 사용해서 쓰는 것이 가능하지만, 기계어는 인간이 이해하기가 어렵기 때문에 어셈블리어가 사용되게 되었습니다. 하지만 어셈블리어도 큰 규모의 프로그램을 짜려고 하면 코드량이 많아져서 더 이상 읽기 쉽다고 할 수 없습니다. 결과적으로 개발 효율이 나빠지기 때문에 인간이 읽기 쉽고 보다 효율적으로 개발할 수 있는 고급 언어가 만들어졌습니다.

당시 컴퓨터의 이용 용도는 탄도 계산이나 시뮬레이션 등 군사 목적에서 시작했습니다. 이런 계산 용도에 적합한 프로그래밍 언어로 등장한 FORTRAN은 최초의 고급 언어로 여겨지고 있습니다. 지금도 고도의 시뮬레이션이 필요한 현장에서는 많이 사용되고 있습니다.

이 시대는 프로그램의 개발자와 사용자가 같은 경우도 적지 않았습니다. 프로그램을 사용하는 것은 일부의 개발자로 한정되어 있어서 실행 결과만 이용자에게 제공하는 방식이 많았습니다. 하지만 조금씩 비즈니스로 활용이 확대되어 '상업용 컴퓨터'가 등장했습니다.

이렇게 목적이 바뀌면 요구되는 성능이나 개발 비용 등도 달라집니다. 그래서 과학 기술 계산이 필요한 곳에서는 FORTRAN, 비즈니스에 있어서 코드 단위의 처리가 필요한 곳에서는 COBOL 등으로 언어의 사용이 나뉘어지게 되었습니다.

인공지능에 대한 연구가 시작된 것도 이때쯤입니다. 복잡한 데이터 구조에서 유연한 대응이 가능하도록 리스트 처리가 장점인 LISP이 등장했습니다. 제1차 인공지능 붐이라고 불리고, 유전 알고리즘이나 신경망이라는 단어도 사용되기 시작했습니다.

1970년대에 들어가면 컴퓨터가 점점 소형화되어 하드웨어나 OS도 크게 변화하기 시작합니다. 마이크로프로세서가 등장해 다수의 IC[1]를 탑재한 CPU가 탄생했습니다. 하드웨어가 변하자

---

1 옮긴이 주_ IC(집적회로), Integrated Circuit의 약자로 반도체 소자들을 매우 작게 만들어서 하나의 칩에 집적해 놓은 것을 말합니다.

OS의 개발이나 이용에도 큰 영향을 미칩니다.

애초에 프로그래밍은 하드웨어의 제어에서 시작합니다. 하드웨어의 성능을 최대한으로 활용하면서 이식성을 높인 개발이 요구되기 시작했습니다. 그래서 교육용으로도 쓸 수 있는 Pascal이나 범용 C언어, 객체지향에 근접했다고 여겨지는 Smalltalk, 데이터베이스를 다루는 SQL 등이 차례로 등장했습니다.

표준화와 객체지향의 보급

1980년경이 되면 PC나 워크스테이션이 등장합니다. CPU도 8비트에서 16비트, 32비트로 크게 변화하고 하드웨어의 성능이 단숨에 향상됩니다.

많은 기업이 PC 등의 개발에 뛰어들자 독자적인 하드웨어도 등장하게 됩니다. 그러자 어떤 환경에서 동작하던 프로그램을 그대로 다른 환경에서 동작하게 하는 것이 어려워졌습니다. 하드웨어뿐만 아니라 OS도 차례로 등장해, UNIX나 MS-DOS, Macintosh 등 소스코드의 호환성도 없어지게 되었습니다.

그래서 Common Lisp의 등장이나 C언어의 표준화 등 프로그래밍 언어를 표준화하려고 하는 움직임이 시작되었습니다. ANSI나 ISO 등의 기관에 의해서 국제적인 표준이 정해지게 되어 다른 환경에서 도입하더라도 나름대로 움직이도록 개량되어 갑니다.

또 하나의 경향은 유지 보수성의 향상입니다. 컴퓨터의 성능이 낮았을 때는 메모리 사용을 가능한 적게 하도록 해서 하드웨어의 성능을 최대한 활용하는 방법을 추구하고 있었습니다.

하지만 하드웨어의 성능 향상이나 메모리 영역의 증가에 의해서 그렇게 고민하지 않아도 충분한 속도로 동작하게 되었습니다. 그래서 애써서 속도를 향상시키기 위해서 노력하지 않고도 인간이 편하도록 사고 방식이 변하기 시작했습니다.

기업에서도 PC가 보급되고 많은 사람이 사용하게 되자 대규모 소프트웨어가 늘어나기 시작했습니다. 지금까지처럼 절차형 언어로는 유지보수성이 저하되어서 객체지향의 사고방식이 등장했습니다. Object-C나 C++, Object Pascal의 등장 등 객체지향을 사용한 언어가 많이 등장해 유지보수성이 주목받게 되었습니다.

GUI와 Web의 등장

1990년경에는 데스크톱 환경으로 NeXTSTEP이나 Mac OS, Windows 등의 GUI(Graphical User Interface)가 등장했습니다. 여기에 프로그램 개발 환경도 변하기 시작했습니다.

IDE(Integrated Development Environment: 통합 개발 환경)를 갖춘 프로그래밍 언어가 등장했고, RAD(Rapid Application Development: 고속 애플리케이션 개발)라고 불리는 언어가 사용되기 시작합니다. 마우스나 키보드의 조작에 대해서 처리를 기술하는 이벤트 드리븐 방식이 퍼진 것도 이때쯤입니다.

당시에는 상업용 애플리케이션이 고가이고 웹 브라우저도 유료였던 시대였습니다. 그런 와중에 Visual Basic이나 Delphi와 같은 언어를 사용해서 개발된 소프트웨어도 등장했습니다.

인터넷의 보급도 힘을 실어주어 많은 프로그래머가 자신의 소프트웨어를 개발·공개했었습니다. 웹 애플리케이션도 많이 쓰이게 되자 CGI[2]에 의해서 스크립트 언어가 인기를 얻습니다. 1990년대 후반에는 게시판 등이 차례로 만들어져 Perl이 압도적인 인기를 자랑했지만 서서히 PHP나 Python, Ruby같은 언어도 쓰이게 되었습니다.

그런 와중에 Java에 의해서 'Write Once, Run Anywhere'라는 슬로건이 화제가 됩니다. 웹을 동적으로 동작시키기 위해서 애플릿이 사용되게 되었을 뿐만 아니라 휴대전화도 등장해 i모드[3]를 기점으로 시작된 서비스를 이용해 다양한 애플리케이션이 개발되었습니다.

안전성의 확보와 스마트폰 앱의 등장

보안이 주목받게 된 것은 2000년대입니다. 그때까지의 바이러스나 해킹이라는 단어에서 조금씩 공격의 수법이 변화되어 왔습니다. 네트워크에 접속하는 것이 당연한 것이 되어 취약성을 노린 공격이 늘기 시작했습니다. 웹 사이트 내용을 바꿔버리거나 관리자 권한을 빼앗아서 개인 정보를 가지고 가버리는 등의 피해가 발생했습니다.

이 때문에 버퍼 오버 플로우 등 메모리 관리가 문제가 되어 소프트웨어에 대해서 안전성을 요구하는 목소리가 높아졌습니다. 포인터 관리 등을 개발자가 의식하지 않아도 되는 언어가 사용되게 되어 가비지 컬렉션 등의 기능을 갖춘 언어가 당연시 되었습니다.

웹 애플리케이션을 노린 공격도 잊어서는 안 됩니다. 크로스 사이트 스크립팅이나 크로스 사이트 요청 위조 등을 이용한 악성 게시물이 계속 이어졌습니다. 하지만 Ajax의 등장으로 인해 JavaScript를 사용한 사이트가 늘었기 때문에 웹을 열람할 때에 JavaScript를 무효화 하는 대책을 사용할 수 없는 상황에서 개발자의 보안 의식이 더욱 요구되고 있습니다.

---

2 옮긴이 주_ CGI(Common Gateway Interface)는 서버 프로그램과 외부 프로그램이 정보를 주고 받는 방법을 정한 것입니다. 전자 게시판이나 블로그 시스템 등이 대표적인 애플리케이션입니다. 환경 변수나 표준 입출력을 다룰 수 있는 언어라면 모두 사용할 수 있지만, 실행 속도나 텍스트 처리가 용이해서 Perl이 사용되는 경우가 많았습니다.

3 옮긴이 주_ i모드는 NTT 도코모에서 세계 최초로 서비스한 휴대전화 IP 접속 서비스입니다. 이 서비스를 통해서 휴대폰을 통해서 이메일을 송수신하거나 웹 페이지를 볼 수 있었습니다. i모드가 인기를 얻은 후 다른 회사들도 비슷한 서비스를 제공하기 시작했습니다.

SQL 인젝션에 의한 정보 누출도 이어져 웹 애플리케이션을 공개할 경우에는 취약성 진단이 요청되는 것이 당연하게 되었습니다.

자사에서 개발한 애플리케이션뿐만 아니라 프레임워크에 의한 취약성도 많이 지적되고 있습니다. Apache Struts나 WordPress 등 제로데이 공격이 계속되었기 때문에 프로그래밍 언어를 선택할 경우나 사용할 프레임워크를 포함한 보안을 고려하는 경우가 늘고 있습니다.

스마트폰의 등장도 있어서 개발할 수 있는 언어가 제한되는 경우도 있습니다. 지금까지의 웹 애플리케이션이면 웹 서버 상에서 실행할 수 있는 언어를 자유롭게 선택할 수 있었던 것에 반해, 스마트폰 앱을 개발할 때에는 특정 언어밖에 인정되지 않는 상황이 발생합니다.

안드로이드와 iOS에서처럼 사용할 수 있는 언어가 다른 경우도 있어서 각각 환경에 맞는 복수의 언어를 나누어 써야 할 필요도 있습니다. 하지만 최근에는 Unity나 Xamarin과 같은 프레임워크를 사용해서 1개의 소스코드로 복수의 환경에 맞는 앱을 개발할 수 있게 되었습니다.

특징적 언어의 등장

이런 역사의 큰 흐름 속에서 많은 사람들이 사용하지는 않았지만 일부 사람들에게 인기가 있었던 언어도 있습니다. 예를 들면 취미로 프로그래밍을 하는 사람 중에는 HSP라는 언어로 간단한 게임을 만든 사람도 있었습니다. 특정 사람들을 타겟으로 하는 것으로는 아이들의 교육용으로 개발된 언어 등이 있습니다.

특정 애플리케이션에 특화된 도메인 특화 언어(DSL)도 있습니다. 예를 들면 에디터의 자동화를 위해서만 쓰이는 언어나 셸을 조작하는 셸 스크립트 등을 들 수 있습니다. 이런 도메인 특화 언어 이외의 것을 범용 프로그래밍 언어라고 부릅니다.

버그를 줄이는 노력도 있습니다. '증명 프로그래밍'이나 '형식 증명 지원 언어'라는 단어가 등장해, 사양 대로의 코드가 쓰여졌다는 것을 증명하는 방법이 있습니다.

마찬가지로 함수형 언어도 결함이 적은 소스코드를 쓸 수 있는 것으로 인기를 모으고 있습니다. 수학적인 람다 대수처럼 언어 자체의 사양을 간단히 하는 연구도 계속되고 있습니다.

어떤 것이든 기존 프로그래밍 언어에 대한 불만이 등장 배경이 되고 있습니다. 하고 싶은 것을 구현하기 위해서 '불필요한 코드는 가능한 덜 쓰고 싶다', '더 가볍게 쓰고 싶다', '더 읽기 쉬운 소스코드를 쓰고 싶다' 등 프로그래밍 언어에 대한 관심이 끊이지 않습니다.

성능은 수치로 측정할 수 있지만 가독성이나 얼마나 쉽게 쓸 수 있는지는 측정할 수 없습니다. 이렇게 역사를 살펴보면 언어에 다양한 바램이 혼재해 있는 것이 보입니다.

프로그래밍 언어를 선택하는 기준

실행 환경과 배포를 고려하다

세상에 있는 많은 프로그래밍 언어 중에서 자신의 목적에 맞는 프로그래밍 언어를 선택하기 위해서는 데스크톱 애플리케이션을 만들고 싶은지, 스마트폰 앱을 만들고 싶은지, 웹 애플리케이션을 만들고 싶은지 등 실행 환경을 생각하는 것이 빠른 방법입니다.

다만 같은 실행 환경이라도 사용하는 프로그래밍 언어는 하나 이상입니다. Windows의 데스크톱 애플리케이션을 작성할 경우 C#뿐 아니라 VB.NET이나 Delphi, 최근에는 JavaScript를 사용한 Electron에서도 개발이 가능합니다.

이 때 다른 조건으로 배포의 용이성이나 실행 속도 등을 생각해 볼 수 있습니다. 일반인들이 사용하는 것이라면 소스코드를 배포해서 실행 환경을 인스톨해서 사용하도록 하는 것은 어렵습니다. 물론 Java나 Flash같이 많이 사용되고 있는 실행 환경이라면 인스톨하도록 하는 것도 가능할지도 모르겠습니다. 하지만 대부분의 경우 소스코드를 배포하는 것이 아니라 실행 파일 형식으로 인스톨러를 붙여서 배포하는 것이 훨씬 사용하기 쉬울 것입니다.

또 한번 배포한 후 수정이나 갱신을 할 상황도 고려해야 합니다. 스마트폰 앱처럼 앱을 배포한 장소가 제공되어 있고, 갱신 등의 시스템을 간단히 사용할 수 있다면 배포에 대한 것을 크게 의식할 필요는 없습니다.

하지만 많은 컴퓨터에 배포할 애플리케이션이라면 배포한 후 결함이 발생하면 큰일입니다. 이용자의 기술이나 환경에도 큰 차이가 있을 것이기 때문에 지원이 어려운 경우도 있습니다. 결과적으로 배포가 필요 없는 웹 애플리케이션을 고르는 것도 하나의 선택입니다.

다른 사람이 사용하도록 하기 위한 것이 아니라 개발자 자신이 편하기 위해서, 직접 사용하고 싶은 경우는 환경에 따른 선택이 필요 없습니다. 또 개발의 목적이 정해지지 않고 공부를 위해서 프로그래밍 언어를 선택하는 경우도 있을 것입니다. 이 경우는 다른 기준을 생각하게 됩니다.

인기 순위에 따른 선택

목적이 정해지지 않은 경우에 자주 사용하는 것이 '인기 순위'입니다. 대표적인 예로 TIOBE 순위가 있습니다. 최신 인기 순위가 웹 상에서 매월 공개되고 있습니다. 2018년 7월 순위는 아래와 같습니다.

TIOBE Index for July 2018(https://www.tiobe.com/tiobe-index/)

순위	언어	비율
1위	Java	16.380%
2위	C	14.000%
3위	C++	7.668%
4위	Python	5.192%
5위	C#	4.402%
6위	Visual Basic .NET	4.124%
7위	PHP	3.321%
8위	JavaScript	2.923%
9위	SQL	1.987%
10위	R	1.182%

이런 순위를 보면 최근 인기가 있는 상위 언어를 한번에 파악할 수 있습니다. 또 과거 순위의 추이를 비교하는 것으로 그 시대의 배경을 추측하는 경우도 있습니다.

인기가 있다는 것은 그만큼 이용자가 많다는 것입니다. 따라서 그만큼 사용하기 쉽고, 편리한 기능이 있고, 고속으로 동작하고, 향후에도 계속 사용할 수 있을 것 같다 등의 특징이 있다고 볼 수 있습니다.

한편 인기가 있어도 해당 프로그래밍 언어가 자신에게 맞는다는 보장은 없습니다. 이전에 배운 언어와 같은 것만 할 수 있어서 새롭게 배운 의미가 없는 경우도 있을 것입니다. 인기 순위는 어디까지나 참고 사항으로 생각하고 개발의 목적에 맞는 언어를 선택하는 것이 중요합니다.

프로그래밍 언어의 분류

프로그래밍 언어의 선택에는 목적이나 인기뿐만 아니라 처리계나 패러다임 등을 고려해 비슷한 언어를 선택할지, 전혀 다른 언어를 선택할지 판단이 필요해집니다.

프로그래밍 언어를 분류하는 방법으로 크게 두 가지를 생각해볼 수 있습니다. 하나는 '인터프리터'나 '컴파일러' 등의 처리계에 의한 분류, 또 하나는 '객체지향'이나 '함수형'처럼 패러다임에 의한 분류입니다.

이제 각각에 대해서 살펴보겠습니다.

인터프리터와 컴파일러

프로그래밍 언어는 '언어'와 '처리계' 두 가지로 나눌 수 있습니다. 문법 등을 정하는 '언어' 사양 부분에 의해서 그 프로그래밍 언어로 소스코드를 쓰는 법이 정해집니다. 한편 같은 프로그래밍 언어에서도 OS나 하드웨어에 맞추어서 다양한 기업이 복수의 처리계를 만들고 있는 경우도 드물지 않습니다.

일반적으로 처리계는 크게 3개의 부분으로 구성되어 있습니다. 소스코드에서 문법을 '해석·변환'하는 부분, 자주 사용되는 기능으로 사전에 준비된 '라이브러리', 소프트웨어를 실제로 동작·실행시키는 '환경'입니다.

첫 번째 단계인 해석·변환하는 부분에서 프로그램의 실행 전에는 거의 아무것도 하지 않는 처리계를 '인터프리터'라고 부릅니다. 사전에 변환이 이루어지지 않기 때문에 인간이 작성한 소스코드를 한 줄씩 해석하면서 실행하는 느낌입니다.

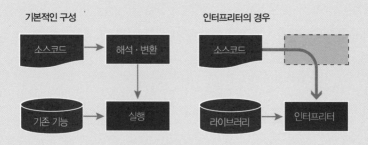

해석·변환하는 부분에서 실행 환경에 맞춘 코드를 생성하는 것을 '컴파일러'라고 부릅니다. 컴파일러의 경우는 인간이 작성한 소스코드를 변환해서 컴퓨터가 실행하기 쉽게 합니다.

예를 들면 C언어의 경우 컴파일러가 '목적 코드'를 생성해 '링커'가 라이브러리를 읽어 들이고 실행 형식의 파일을 '로더'가 실행합니다.

또 Java처럼 컴파일러에 의해서 변환을 하지만, 가상 머신을 위해서 생성한 코드(바이트코드)를 사용해서 하드웨어에 의존하지 않는 코드를 생성하는 경우도 있습니다. 이 경우 생성된 바이트코드를 실행 환경인 '런타임'에 의해서 실행합니다.

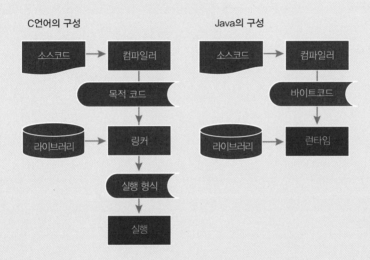

다만 최근 개발된 언어 중에는 목적 코드를 생성하지 않아도 실행 전에 소스코드를 일단 내부 표현으로 변환해서 실행하는 방식으로 구현되어 있는 것도 있습니다. 인터프리터에서는 처리를 순차적으로 실행하기 때문에 처리 속도가 늦어지지만, 내부 표현을 사용하는 것으로 처리의 고속화를 실현하고 있습니다.

즉, 겉으로 보기에는 순차적으로 변환하면서 실행하고 있는 것처럼 보여도 실제로는 내부에서 컴파일러 처리를 하는 언어가 늘고 있습니다. 런타임 안에서 바이트코드에서 기계어로 변환하는 JIT(Just In Time) 컴파일러 등의 프로그램도 있어서 단순하게 '인터프리터', '컴파일러'로 분류하는 것이 어려워지고 있습니다. 같은 언어라도 인터프리터의 구현과 컴파일러의 구현 양쪽 다 있는 언어도 적지 않습니다.

여기에 더해서 어떤 언어 소스코드에서부터 다른 언어의 소스코드를 생성하는 '트랜스파일러'도 있습니다. 예를 들면 CoffeScript로 쓴 소스코드는 JavaScript 소스코드로 변환해서 실행합니다. 실행 환경이 점점 중요해지는 한편, 브라우저만 있으면 된다는 사고방식에서 JavaScript 소스코드로 변환할 수 있는 트랜스파일러는 점점 더 유효한 선택지가 되고 있습니다.

스크립트 언어와 매크로 언어

인터프리터 언어는 소스코드를 써서 바로 실행할 수 있기 때문에 실행까지 시간이 짧습니다. 그래서 작은 프로그램을 손쉽게 짜는 목적으로 사용되어 '스크립트 언어'로 분류되는 경우도 있습니다.

PHP나 Perl, Ruby나 Python 특히 웹 애플리케이션의 개발에서 사용되는 것이 많이 있습니다. 또 주로 웹 브라우저 상에서 실행되는 JavaScript나 VBScript 등의 언어도 이름처럼 스크립트 언어로 분류됩니다.

개발한 프로그램을 쉽게 시험한다는 의미에서는 REPL(Read-Eval-Print Loop)이라고 불리는 대화형 실행 환경이 준비되어 있는 언어가 편리합니다. 글자 그대로 '읽고', '평가하고', '표시한다'라는 작업을 '반복하는' 것을 의미합니다

REPL의 경우에는 프로그램을 쓰면 문단위로 처리를 실행해 그 결과를 확인할 수 있습니다.

앞서 언급한 PHP나 Perl, Ruby나 Python은 모두 REPL이 준비되어 있습니다.

예) Python에서의 REPL

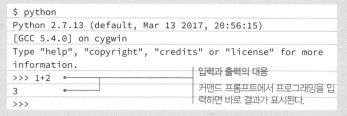

```
$ python
Python 2.7.13 (default, Mar 13 2017, 20:56:15)
[GCC 5.4.0] on cygwin
Type "help", "copyright", "credits" or "license" for more
information.
>>> 1+2
3
>>>
```

입력과 출력의 대응
커맨드 프롬프트에서 프로그래밍을 입력하면 바로 결과가 표시된다.

수작업으로 하고 있는 처리를 자동화 한다는 면에서는 매크로 언어라고 불리는 경우도 있습니다. Word나 Excel 등의 사무용 소프트웨어를 조작하는 VBA(Visual Basic for Applications), 에디터나 브라우저 등의 조작이나 커맨드를 실행하는 WSH(Windows Script Host) 등의 경우 VBScript나 JavaScript 등의 언어가 많이 사용됩니다.

텍스트 에디터의 경우, 독자적 언어를 구현하고 있는 에디터도 많아 자동화뿐만 아니라 일반적인 프로그래밍에 쓸 수 있는 것도 존재합니다. 예를 들면 Emacs처럼 텍스트 에디터의 기능뿐 아니라, Emacs Lisp이라고 불리는 언어를 사용해서 메일이나 웹 열람 등의 확장 기능도 구현되어 있어 많은 사람에게 사용되고 있습니다.

처리계의 차이에 따른 소프트웨어의 배포 시 주의점

처리계에 따른 차이를 생각할 때 처리속도 이외에도 '소프트웨어의 배포'를 의식하지 않으면 안됩니다. 즉, 실행할 컴퓨터에 대해서 라이브러리나 런타임의 도입이 필요해집니다.

개발한 본인이 이용하는 경우라면 고려할 필요가 없지만 일반인에게 배포할 경우는 주의가 필요합니다. 인터프리터형 언어의 경우 소스코드나 라이브러리를 배포하는 것뿐 아니라 이용자가 프로그래밍 언어를 도입하지 않으면 실행할 수 없습니다.

또 컴파일형 언어라도 런타임의 배포가 필요한 경우도 있습니다. 런타임이 불필요한 실행 형식 파일을 생성하면 그 파일을 배포하는 것만으로 충분하고 최근에는 '.NET Framework' 등 실행 환경이 OS와 같이 도입되어 있는 경우도 있지만, Java처럼 실행 환경을 별도로 도입할 필요가 없는 것도 많이 존재합니다.

하지만 이용자에게 충분한 스킬이 있으면 배포에 드는 시간을 단축할 수 있는 가능성도 있습니다. 스크립트를 실행하는 것뿐인 경우 소스코드를 배포하면 되고, 소스코드가 있으면 이용자가 커스터마이즈도 편하게 할 수 있을지도 모릅니다.

컴파일러의 경우는 바이너리 형식을 배포해야 하므로, 용량이 커질 가능성도 있고, 실행 환경에 맞춰서 배포할 파일을 작성할 필요가 있습니다. 예를 들면 Windows의 경우는 32비트용과 64비트용, macOS용, Linux용, 거기다 각 버전의 차이에 맞추어서 준비가 필요합니다.

물론 스마트폰 앱의 경우는 소스코드에서 iOS용과 Android용 등 다른 것을 준비해서 각각의 환경에 맞춰 배포용 앱을 작성해야 합니다.

최근에는 HTML과 CSS, JavaScript로 작성한 Electron 등의 기술을 사용하면 Windows에서도 macOS에서도 같은 애플리케이션을 실행할 수 있습니다. JavaScript에서의 처리 속도를 더 끌어올리기 위해서 asm.js나 NaCL(Google Native Client) 등의 기술도 등장하고 있어서 이후에도 주목할 필요가 있습니다.

패러다임의 차이

프로그래밍에 있어서 접근 방법이나 사고방식을 '프로그래밍 패러다임'이라고 부릅니다. 자주 듣게 되는 것이 '절차형', '객체지향형', '함수형', '논리형'과 같은 단어들입니다.

프로그래머가 어떤 시점에서 프로그램을 구현할지를 생각하는 것이 '프로그래밍 패러다임'이라고 할 수 있습니다. 위의 단어들은 크게 '명령형'과 '선언형'으로 분류됩니다.

명령형	선언형
• 절차형 • 객체지향형	• 함수형 • 논리형

명령형은 '어떻게' 처리를 할까에 주목하고 있습니다. 즉, 컴퓨터가 처리하는 순서를 프로그래밍 합니다. 한편 선언형은 그 처리가 '무엇인지'에 주목하고 있습니다. 즉, 정의를 컴퓨터에 전달해 컴퓨터는 그 정의에 따라 동작합니다.

구체적인 예를 보겠습니다. 예를 들면 쇼핑 사이트에서 '장바구니에 담겨 있는 상품의 금액을 계산한다'라는 처리를 구현해보겠습니다.

명령형의 대표적인 예로 절차형 언어에서는 다음과 같이 구현합니다.

① '합계금액'을 0원으로 한다.
② 상품이 장바구니에 남아 있는 동안에 ③, ④를 반복한다. 장바구니가 비면 ⑤를 진행한다.
③ 상품을 장바구니에서 하나 꺼낸다.
④ 꺼낸 상품의 가격을 '합계금액'에 더한다.
⑤ '합계금액'의 값을 반환한다.

한편, 선언형의 대표적인 예로서 함수형 언어에서는 아래와 같이 구현합니다.

① '합계금액'은 장바구니의 안의 상품을 아래의 규칙으로 처리한 결과의 값이다.
② 상품이 0개일 경우 '합계금액'은 0이다.
③ 상품이 1개 이상일 경우 '합계금액'은 장바구니 안의 상품 1개의 가격과 나머지 상품의 '합계금액'을 더한 값이다.

어느 쪽이든 얻는 결과는 같지만 실행할 때의 사고방식이 달라집니다. 어떤 한 쪽이 좋다는 것이 아니라, 각각의 언어를 배워 두면 프로그래밍에 대한 관점이 변한다고 할 수 있습니다.

대상에 주목하는 객체지향형

객체지향형은 처리 대상을 추상화 한 개념으로 처리 대상의 데이터와 그 데이터에 대한 조작을 한 묶음으로 취급합니다. 예를 들면 쇼핑 사이트의 '장바구니'라면 안에 들어 있는 데이터와 그 데이터에 대한 조작이 하나로 묶여 있어서 편하게 관리할 수 있어서 편리합니다.

장바구니에 추가할 상품도 같은 방식으로 데이터와 조작을 하나로 묶어서 장바구니에 대한 추가와 삭제 등의 조작을 통해서 처리를 하도록 프로그램을 구성합니다. 이 때 데이터에 직접 접속하지 않고 조작을 통해서 데이터를 변경하는 것이 포인트입니다.

따라서 데이터의 형식을 변경하는 등의 수정이 발생해도 조작이 변하지 않으면 영향범위가 좁아집니다. 직접 데이터를 변경할 수 없기 때문에 잘못된 값이 저장되는 것을 막을 수 있고, 마음대로 값을 변경할 가능성도 없어집니다. 결과적으로 프로그램의 가독성이 높아져서 개발 효율이나 생산성이 높아지게 된다고 볼 수 있습니다.

이런 객체지향형이라는 단어는 설계나 모델링, 개발 등 다양한 상황에서 사용됩니다. 최초의 객체지향형 언어라고 불리고 있는 것은 1967년에 발표된 Simula입니다. 객체지향형이라는 단어는 Smalltalk의 개발자인 앨런 케이에 의해서 만들어졌다고 알려져 있습니다.

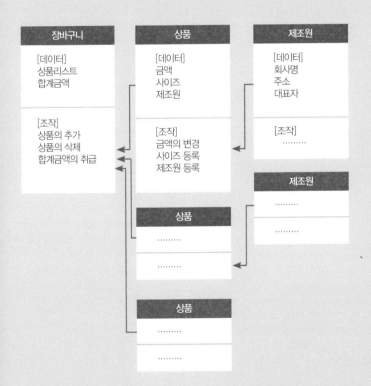

하지만 그 단어의 정의가 모호해서 어떤 언어를 '객체지향형 언어'로 부를 수 있는지 분류가 어렵습니다. 예를 들면 '캡슐화', '계승', '다형성'과 같은 키워드가 있지만 명확하게 선을 그을 수 있는 것은 아닙니다.

'순수한 객체지향형 언어'라는 단어도 있습니다. 이것은 Smalltalk나 Ruby처럼 '모든 대상이 객체다'라고 보는 언어를 가리킵니다. 정수나 포인터 같은 개념을 포함해서 객체로 다루는 것을 가리키는 것이 일반적이지만 이것도 사람이 따라서 의견이 갈립니다.

발상의 전환이 필요한 함수형

또 하나 명확한 정의가 없는 것이 함수형입니다. 절차형이나 객체지향과 같은 단어와 사고방식이 전혀 다르기 때문에 지금까지와 다른 발상이 필요합니다.

무엇을 함수형이라고 할지에 대해서는 여러 가지 의견이 있고 '람다 대수'라고 불리는 함수의 개념을 근원으로 하는 것이 일반적이지만, 이름 그대로 '함수'를 조합해서 구현한다고 보는 것이 이해하기 쉬울 것입니다. 다만 절차형이나 객체지향에 있어서도 '함수'나 '메소드'라는 단어는 등장합니다.

함수형의 특징으로 '1급 함수'가 있습니다. 1급 함수를 사용하면 함수의 인자로서 함수를 전달하는 것이 가능해서 실행 시 동작을 생성할 수 있습니다. C언어에서는 함수의 인자로서 함수를 전달할 수 있지만, 실행 시에는 생성할 수 없습니다.

절차형 프로그래밍에서는 '함수에 값을 대입해서 값을 변환하면서 처리를 실행'하지만 함수형 프로그래밍에서는 '상태를 가지지 않고 함수 호출에 의해서 처리를 실행'하는 것이 일반적입니다. 즉, 함수형 언어에서는 한 번 변수의 값을 설정하면 이후에 다른 값으로 변경할 수 없습니다. 그래서 값을 함수에 전달해 그 처리 결과를 얻는 것으로 처리를 합니다.

함수형 언어에서 프로그램은 복수의 형식을 처리하기 위해서 함수를 적용해 가는 방법이라고 할 수 있습니다. 결과적으로 반복과 같은 처리를 실행하기 위해서 임시 변수를 사용하지 않고 '함수의 재귀호출'로 구현하는 것이 일반적입니다.

많은 경우 함수형 언어란 함수형 프로그래밍을 권장하는 언어를 가리킵니다. 물론 대부분의 함수형 언어로 절차형 프로그래밍을 사용한 프로그래밍을 하는 것도 가능하고, 반대로 절차형 언어로 함수형 프로그래밍을 하는 것도 가능합니다.

멀티 패러다임이란

앞에서는 패러다임에 의한 프로그래밍 언어의 분류를 소개했지만 각각의 언어가 대응하고 있는 패러다임이 하나라고 한정할 수는 없습니다. 하나의 언어가 복수의 패러다임에 대응하고 있는 언어도 많이 등장하고 있어 '멀티패러다임 언어'라고 부릅니다.

예를 들면 Python은 객체지향 언어이기도 하고 함수형 언어이기도 합니다. 멀티 패러다임의 프로그래밍 언어가 등장하자 프로그래밍 패러다임과 프로그래밍 언어와의 관계성이 복잡해졌습니다. 같은 언어로 써도 사고방식을 바꾸면 전혀 다른 방식으로 쓸 수 있습니다. 즉, 설계 시에 어떤 패러다임을 선택하는지에 따라서 구현이 크게 달라지게 되는 것입니다.

물론 프로그램 중 일부의 처리를 함수형으로 만들고 다른 부분을 객체지향형으로 만드는 것도 가능합니다. 다만 프로그래밍 패러다임에는 일반적으로 '바람직하지 않은 구현'이 존재합니다. 예를 들면, 순수 함수형 언어에서는 부작용이 인정되고 있지 않습니다. 즉, 함수를 몇 번 호출하든 결과가 바뀌는 방식의 구현은 할 수 없습니다.

또 구조화 프로그래밍은 지정한 처리로 점프하는 것 같은 goto문은 사용하지 않는 것이 전제입니다. 물론 사용할 수도 있지만 유지보수성 등을 생각했을 때 피해야 하는 것으로 여겨지고 있습니다. 이것은 고급 언어에서는 루프를 제어할 수 있기 때문에 goto문을 사용할 필요가 없기 때문입니다.

어셈블리어와 같은 언어에서는 점프를 기술하기 위해서 goto에 해당하는 문을 사용하지만 goto문을 사용하면 분기인지 루프 안인지를 판단할 수 없기 때문에 프로그램의 동작을 눈으로 쫓는 작업이 필요하게 됩니다.

어떤 패러다임을 선택하는지에 따라서 그 프로그램의 특징이 결정되지만, 이미 존재하는 프로그램을 수정하는 경우에는 기존 프로그램에서 사용되고 있는 패러다임을 따라서 개발하면 관리가 편해집니다.

이식성에 대한 사고 방식의 변화

하나의 소스코드로 다른 환경에서 실행할 수 있는지를 고민하는 사람이 많을 것입니다. 프로그래밍 언어를 선택할 때 이런 이식성에 대한 사고방식도 시대와 함께 변화하고 있습니다.

예를 들면 어셈블리어의 경우에는 다른 환경에 이식하는 것이 매우 어려웠습니다. 하지만 C언어와 같은 언어에서는 언어 사양이 표준화 되어 있어서 다른 환경에서도 컴파일이 가능하게 되었습니다. 더욱이 Java나 Flash 같이 바이트코드를 생성하면 어디서나 실행할 수 있는 것도 등장했습니다. JavaScript처럼 브라우저 상에서 실행되는 것이면 브라우저만 있으면 어디서든 실행할 수 있습니다.

JavaScript에 의한 Electron이나 C#을 사용한 Xamarin과 같이 같은 소스코드로 데스크톱 앱이나 iOS, Android 등 복수의 환경에서 동작하는 것을 개발하는 경우도 늘고 있습니다. 다른 OS라도 실행할 수 있는 방식은 이후에도 더 일반화 될 것입니다.

사용자의 환경이 다양해지면서 개발에 드는 시간을 줄이기 위해서 다양한 환경을 지원하는 언어가 요구되고 있습니다. 또 개발자로서 배울 언어를 줄이고 싶다는 바램도 있습니다. 서버 사이드에서 동작하는 Node.js와 같이 같은 언어로 복수의 다른 소프트웨어를 작성할 수 있다면 도움이 되는 경우가 많을 것입니다.

이후의 프로그래밍 언어

멀티 패러다임이 당연해진 지금, 언어를 선택하는 기준도 바뀌고 있습니다. 과거의 언어에서 좋은 점만을 골라낸 것과 같은 언어가 늘고 있기 때문에 과거의 언어의 어떤 점을 이어받고 있는지 보면 그 언어의 특징을 파악할 수 있습니다.

그래서 언어가 과거의 어떤 언어에서 영향을 받았는지 계보를 보는 것이 도움이 됩니다. 이 책에서는 언급하고 있는 언어를 중심으로 과거의 프로그래밍 언어의 계보를 책 마지막 부분에 넣어 두었습니다. 모든 언어를 담고 있는 것은 아니지만 같이 보면 도움이 될 것입니다.

한편 앞으로의 프로그래밍 언어 설계의 중점은 언어의 특징보다도 얼마나 라이브러리가 충실한지로 비중이 옮겨가고 있습니다. 예를 들면 통계나 데이터 과학이라는 단어가 유행하자 R언어가 주목을 받고, 딥러닝이 많이 알려지자 Python이 인기를 얻고 있습니다.

그 배경에는 이 언어들이 갖추고 있는 풍부한 라이브러리가 영향을 미치고 있습니다. 이후 등장하는 언어에는 처리 속도나 사용하기 쉬운 문법뿐만 아니라 어떤 라이브러리를 갖추고 있는지가 주목받게 될 것 같습니다.

반대로 생각하면 기존 언어에서도 라이브러리가 충실해서 다시 주목을 받을 수 있다는 것도 예상해볼 수 있습니다. 새로운 언어의 등장에 주목하는 것뿐만 아니라 유행하고 있는 단어에도 관심을 가질 필요가 있습니다.

IoT 시대의 프로그래밍 언어에 요구되는 것

2017년은 'IoT(Internet of Things)의 원년'이라고 불리고 있습니다. 많은 기업이 IoT에 뛰어들었고 세미나나 자격증 시험 등도 차례로 개최되고 있습니다.

이런 상황에서 'IoT 디바이스에서 어떤 프로그래밍 언어를 사용할까'라는 것이 하나의 키워드가 되었습니다. 임베디드 디바이스라면 C언어를 쓰는 것이 가장 유력합니다. 다만 최근에는 RaspberryPI 같이 Python을 사용하는 수요도 늘고 있습니다. 이렇게 기존의 언어에서 개발하는 것도 생각할 수 있지만 새로운 동향도 있습니다.

예를 들면 Microsoft는 'P언어'를 발표했습니다. 이 언어의 키워드는 '비동기 이벤트 반응형 프로그래밍'입니다.

IoT와 같은 디바이스는 그 통신이 이루어지는 사이에 다른 처리를 계속해서 실행할 필요가 있습니다. 예를 들면 센서의 경우 계속 정보를 받아들이고 있는데, 통신이 발생해서 정보 취득이 정지되면 의미가 없습니다. 즉, 비동기로 통신을 행하는 것 같은 처리의 실행은 꼭 필요합니다.

IoT 디바이스가 스스로 정보를 발신하는 것은 불필요하게 전력을 소비하기 때문에, 외부에서 IoT 디바이스에 통신을 요구하는 처리가 이루어지고 그것에 대해 응답할 필요가 있습니다.

이런 비동기 처리를 쉽게 구현해 빠르게 이벤트에 대응하는 방식이 IoT 디바이스와 같은 작은 모듈에서 요구되는 것은 당연한 것으로, 이후에도 이런 처리를 쉽게 구현할 수 있는 프로그래밍 언어의 동향을 주목할 필요가 있습니다.

샘플 프로그램 동작시키기 – 프로그래밍 언어의 실행 환경 사용법

이 책에 있는 샘플 프로그램의 소스코드는 다음 웹 사이트에서 다운로드 할 수 있습니다.

- http://www.socym.co.jp/book/1108
- http://www.youngjin.com/reader/pds/pds.asp#nolink

또 이 책에서 소개한 프로그래밍 언어의 대부분은 인터넷 상의 컴파일·디버그 툴인 'Ideone'
에서 실행할 수 있습니다.

Ideone
https://ideone.com/

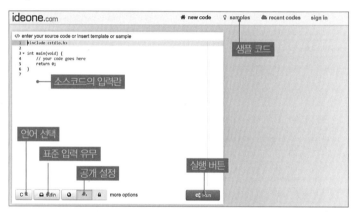

화면처럼 소스코드의 입력란과 실행 버튼이 있고 입력한 소스코드를 컴파일, 실행할 수 있습니다.

이 책의 샘플 프로그램을 복사&붙여넣기 해서 시험해 보는 것도 가능합니다. '하노이의 탑' 프로그램을 C언어로 실행하면 다음 화면처럼 됩니다.

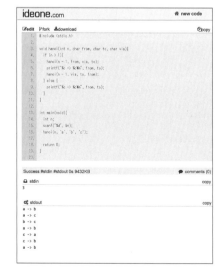

사용할 프로그래밍 언어를 선택할 수 있을 뿐만 아니라, 샘플 코드도 준비되어 있어서 실행해서 동작을 확인하는 것도 간단합니다.

입력한 소스코드 사이즈는 64KB까지, 처리 시간은 초기설정에서 5초 이내(설정에서 15초 이내로 변경 가능)라는 제한은 있지만 공개 설정을 통해 다른 사람과 소스코드를 공유하는 것도 가능합니다.

그 밖에 많은 프로그래밍 언어를 온라인에서 실행할 수 있는 환경으로 Tutorial Point가 있습니다.

Tutorials Point
https://www.tutorialspoint.com/codingground.htm

프로그래밍 언어뿐만 아니라 셸이나 데이터베이스 등도 조작할 수 있고 모바일 앱도 존재합니다.

그 밖에도 다양한 소프트웨어에 관한 튜토리얼이 있기 때문에 새로운 기술을 배우기에는 최적입니다. 모두 영어라는 것이 단점이지만 비디오의 해설 등을 보면 프로그래밍뿐만 아니라 영어 공부도 됩니다.

오픈소스로 제공되고 있는 온라인 컴파일러로 Wandbox가 있습니다.

Wandbox
https://wandbox.org/

GigHub에 소스코드가 공개되어 있을 뿐 아니라 각 언어에 대한 과거 버전도 실행할 수 있습니다.

최신 버전뿐만 아니라 낡은 버전에서 동작하는지 확인하고 싶은 경우 등에 편리합니다.

프로그래밍 언어 도감

어셈블리어

(어셈블러)

특정 하드웨어에 특화시켜
최대한 성능을 끌어낼 수 있는 언어

탄생
–
만든 사람
–
주요 용도
교육, 임베디드
분류
명령형/컴파일러

이런 언어

CPU 등의 프로세서가 이해할 수 있는 기계어와 1 대 1로 대응하는 언어. 기계어를 사람이 이해하는 것은 매우 어렵지만, 어셈블리어를 사용하면 프로그래머가 CPU의 동작을 의식하면서 개발할 수 있다.

각각의 명령은 단순해서 학습할 것이 적지만, 하나의 처리에서 할 수 있는 것이 한정되어 있어서 대규모 프로그램 작업에는 비효율적이다. 특정 모듈만 어셈블리어로 작업하는 등 성능을 최대한 끌어낼 필요가 있을 때 사용된다.

저급 언어

'저급'이란 기계에 가까운 언어를 의미하는 단어로 일반적으로는 기계어나 어셈블리어를 가리킨다. 저수준 언어라고도 하고 반대로 사람이 이해하기 쉬운 언어는 고급 언어(고수준 언어)라고 한다.

매크로

복수의 명령을 모아서 간략하게 기술할 수 있는 기능. 매크로를 갖추고 있는 처리계에서는 고수준 언어처럼 소스코드를 쓸 수도 있다.

1행에 하나의 명령

처리 내용(명령 코드)과 처리 대상(피연산자)이라는 조합으로 표현되는 명령을 1행씩 쓴다. 하나의 명령 코드에 대해 0개 이상의 피연산자의 조합으로 구성된다.
예) MOV AX, 100…AX 레지스터에 100을 대입

Column

컴퓨터는 기계어만 실행할 수 있다

기계어는 컴퓨터가 직접 실행할 수 있는 유일한 프로그래밍 언어지만, 이진수로 구성되어 있어서 0과 1이 나열되어 있을 뿐이다. 사람이 읽기 쉽도록 8진수나 16진수를 사용하는 경우도 있지만 사람이 소스코드를 직접 쓰는 것은 현실적으로 불가능하다. 그래서 프로그래밍 언어를 기계어로 변환해서 실행한다.

기억해야 할 키워드

수동 어셈블

기계어와 어셈블리어의 변환표를 보면서 어셈블리어에서 기계어로 변환하는 작업을 사람이 직접 하는 것. 어셈블러가 개발되기 전에는 사람이 수작업으로 했었다.

인라인 어셈블러

고수준 언어의 소스코드 안에 삽입되는 어셈블리어의 소스코드.
시스템 호출(system call)을 하고 싶은 경우나 성능에 영향을 주는 부분의 속도를 높이고 싶은 경우 등 다른 언어의 일부로 사용된다. CPU에 의존하기 때문에 특정 머신에서만 동작한다. 임베디드 기기 등에 사용되는 경우가 많다.

역 어셈블

기계어에서 어셈블리어의 소스코드를 생성하는 것.
완벽하게 원래의 소스코드를 재현할 수 있는 것은 아니지만, 소스코드를 입수할 수 없는 경우 기계어를 사람이 이해할 수 있도록 변환하는 데 사용된다.

(프로그래밍 예제) **하노이의 탑(hanoi.s/gcc판)**

```
.data
n:
    .long    0
in:
    .string  "%d\n\0"
out:
    .string  "%c -> %c\n\0"

.text
.globl  hanoi
hanoi:
    pushl    %ebp
    movl     %esp, %ebp
    cmpl     $1, 8(%ebp)
    jle      L1

    pushl    16(%ebp)
    pushl    20(%ebp)
    pushl    12(%ebp)
    movl     8(%ebp), %eax
    subl     $1, %eax
    pushl    %eax
    call     hanoi
```

```
~~~ 중략 ~~~

L2:
    leave
    ret

.text
.global main
main:
    pushl    $n
    pushl    $in
    call     scanf
    addl     $8, %esp

    pushl    $99
    pushl    $98
    pushl    $97
    pushl    n
    call     hanoi
    addl     $16, %esp

    xor      %eax, %eax
    ret
```

ActionScript

탄생
2000년
만든 사람
Adobe Systems
주요 용도
플래쉬 앱
분류
절차형·객체지향형 /
컴파일러

액션스크립트

움직임이 있는 웹 사이트를 만들 수 있는 Flash 애니메이션으로 한 시대를 풍미하다

(이 런 언 어)

Adobe Systems의 제품인 'Flash'에서 사용되는 멀티미디어용 스크립트 언어.
JavaScript와 비슷한 프로그래밍 언어로, Flash를 사용해서 많은 웹 브라우저나 OS에서 동적인 콘텐츠를 동일하게 재생할 수 있다는 장점이 있다.
웹 브라우저에서 실행하려면 플러그인이 필요해서 최근에는 Flash 사용이 점점 줄어들고 있지만, Adobe AIR 애플리케이션의 개발은 지금도 진행되고 있다.

멀티미디어를 다루는 데 뛰어나다

음성이나 동영상 등의 애니메이션을 사용한 콘텐츠 제작에 적합하다.
타임라인을 사용해서 언제 어떻게 재생할지 미세한 부분까지 제어할 수 있어서 복잡한 동영상이나 3D 영상도 제작 가능.

이벤트 드리븐

마우스를 클릭했을 때 동작하는 것 등 이용자의 액션에 맞추어 동작을 바꿀 수 있도록 구현한다.
이벤트에 대한 동작을 연결해 두어 이벤트가 발생하면 자동적으로 해당 동작이 호출된다.

환경에 의존하지 않는다

FlashPlayer나 Adobe Air를 도입하여 OS나 브라우저에 의존하지 않고 어떤 환경에서든 동일하게 보이는 콘텐츠를 만들 수 있다.

(Column)

개방적인 사양이 요구되다

첫 iPhone이 등장했을 때, 당시 Apple의 CEO 스티브 잡스는 Flash를 지원하지 않는다고 발표했다. 이후 Flash는 서서히 그 기세를 잃게 되었다.
그 배경에는 개방적인 웹 표준인 HTML5가 있다. 웹에서는 특정 기업에 독점되지 않는 사양이 요구되고 있다.

기억해야 할 키워드

타임라인

애니메이션을 표시할 때 영화의
필름처럼 각 프레임을 조작한다.
이 프레임을 연속적으로 표시하기
위해서 타임라인이 사용된다.

Flex

오픈소스 프레임워크인 Flex SDK를 사용
해서 작성한 애플리케이션은 데스크톱에서
만 동작하는 것이 아니라 iOS나 Android
에서도 동작한다.
원래는 Adobe Flex였지만 현재는
Apache Flex로 개발이 진행되고 있다.

Adobe AIR

데스크톱 애플리케이션이나 스마트
폰 애플리케이션 개발과 실행에 사
용되는 런타임 라이브러리.
복수의 OS를 지원하고 있어 같은
소스코드로 다양한 환경에서 동작
시킬 수 있다.

(프로그래밍 예제) **하노이의 탑(hanoi.as)**

```actionscript
package {
    import flash.display.*;
    import flash.text.*;

    // 하노이의 탑
    public class Hanoi extends Sprite {
        private var result:String = "";
        private function hanoi(n:int, from:String, to:String,
                              via:String):void{
            if (n > 1){
                hanoi(n - 1, from, via, to);
                result += from + " -> " + to + "\n";
                hanoi(n - 1, via, to, from);
            } else {
                result += from + " -> " + to + "\n";
            }
        }

        public function Hanoi(){
            var n:int = 3;
            var textField:TextField = new TextField();
            hanoi(n, "a", "b", "c");

            textField.text = result;
            textField.autoSize = TextFieldAutoSize.CENTER;
            addChild(textField);
        }
    }
}
```

입출력 연구
표준 입출력을 사용하는 것이
아니라 텍스트 필드를 사용한다.

Ada. 에이다

미션 크리티컬(Mission Critical)한 용도에
최적인 '안전제일'의 언어

탄생
1983년
만든 사람
Jean Ichbiah
주요 용도
비행기나 전투기 등의
임베디드
분류
절차형 · 객체지향형/
컴파일러

이런 언어

신뢰성을 중시한 개발이 가능하도록 엄밀한 사양을 가지
고 있는 언어. 1995년에 ISO 표준으로 승인되어 객체지향
언어 중에서 역사상 처음으로 국제표준이 되었다.
흔히 'ALGOL문법'이라고 불리는 BEGIN/END에 의한 블
록 구조화 기법을 채용하고 있다. 예외처리나 병행처리,
분산처리 등 풍부한 기능을 가졌지만 언어 사양이 지나치
게 방대하기도 하다.

신뢰성을 중시

미국 국방부가 언어 개발을
주도했기 때문에 신뢰성을
매우 중시하고 있다.
미군이 물자 조달에 사용하
는 규격인 'MIL규격'으로 규
격화 되어 있다.

비행기나 전투기에도
사용된다

보잉777이나 F-22전투기에도
제어 소프트웨어로써 사용되고
있다고 한다. 임베디드 소프트
웨어와 같은 소규모 프로젝트
에서 비행기와 같은 대규모 프
로젝트까지 사용할 수 있는 언
어라고 할 수 있다.

계층형의 자료형

변수 등에 사용되는 자료형은 계
층적으로 구성되어 있으며, Ada
의 '추상 자료형'은 현재 객체지
향형의 토대가 된 것으로 알려져
있다.
컴파일을 할 때나 실행을 할 때
자료형 검사가 실시된다.

Column

Ada라는 이름의 유래

세계 최초로 컴퓨터 프로그램을 작성한 사람은 Augusta Ada Lovelace(1815-
1852)라고 알려져 있다. Ada라는 명칭은 이 사람의 이름을 딴 것이다. Ada의
MIL 규격번호 'MIL-STD-1815'는 그녀가 태어난 해를 기리고 있다.

기억해야 할 키워드

GNAT
GCC의 일부로 제공되고 있는 Ada 컴파일러. IDE인 GPS(GNAT Programming Studio)도 존재하고 직관적인 인터페이스로 사용할 수 있다.

병행 프로그래밍
'태스크'라고 불리는 프로그램 단위를 이용해서 동시 실행이 가능하고, 각각의 태스크는 '엔트리'라고 불리는 메시지의 교환에 의해서 동기화된다.

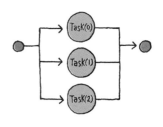

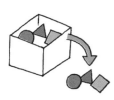

제너릭 프로그래밍
범용 프로그래밍이라고도 불리며, 자료형에 의존하지 않고 프로그래밍을 처리하는 것. 같은 처리를 하는 코드를 각각 자료형마다 구현할 필요가 없어진다. Ada에는 설계 당시부터 제너릭(범용체)이 존재했다.

(프로그래밍 예제) **하노이의 탑(hanoi.ada)**

```
With Ada.Text_IO; Use Ada.Text_IO;
With Ada.Integer_Text_IO; Use Ada.Integer_Text_IO;

procedure Program is
  -- 하노이의 탑
  procedure hanoi(n: in integer; from: in String;
                  to: in String; via: in String) is
  begin
    if n > 1 then
       hanoi(n - 1, from, via, to);
       Ada.Text_IO.Put_Line(from & " -> " & to);
       hanoi(n - 1, via, to, from);
    else
       Ada.Text_IO.Put_Line(from & " -> " & to);
    end if;
  end hanoi;

n: integer;
begin
  Ada.Integer_Text_IO.Get(n);
  hanoi(n, "a", "b", "c");
end Program;
```

> **대문자, 소문자를 구별하지 않는다**
> Ada에서는 대문자와 소문자를 구별하지 않기 때문에 대문자로 쓰는 것도 가능하다.

AWK. 오크

3명의 개발자가 만든 문자열 데이터의 일괄 처리에 적합한 언어

탄생
1977년
만든 사람
Alfred V. Aho/
Peter J. Weinberger/
Brian W. Kernighan
주요 용도
문자열 처리
분류
절차형/인터프리터

(이런 언어)

CSV(쉼표로 구분)나 TSV(탭으로 구분)와 같은 텍스트 파일을 처리하는데 적합한 언어.
입력된 데이터의 패턴에 대해 어떤 처리(액션)를 할지 기술한다. 입력을 행 단위로 읽어 들여 그 행이 패턴에 매치하는지를 확인해 매치하는 경우는 처리를 실행한다.
문자열 조작이나 수치계산에 관한 내장 함수도 갖추고 있어 복잡한 프로그램도 작성할 수 있다.

변수에 자료형이 없다

산술연산은 수치로, 문자열 처리는 문자열로 변환된다.
예) 아래의 코드를 실행하면 '5'가 출력된다(수치로 변환할 수 없는 문자열은 '0'으로 계산된다).
x = "2"
y = 3
z = "abc"
print x + y + z

정규표현식에서의 패턴 매칭

정규표현식 등을 사용해서 패턴을 지정하고, 그 패턴에 매치하는 행에 대한 처리를 기술한다. 로그 집계 등 행 단위의 텍스트의 카운트나 추출 등을 처리하고 싶을 때 간단하게 사용할 수 있어서 편리하다.

BEGIN과 END

AWK는 처음부터 한 줄씩 입력 받아 입력 데이터 각 행에 대한 처리를 하지만, BEGIN 블럭과 END 블럭의 경우는 입력 내용에 관계 없이 가장 처음과 가장 마지막에 각각 실행된다. 변수의 초기화나 결과의 출력 등에 사용된다.

(Column)

AWK라는 이름의 유래

개발자 3명의 이니셜을 나열해서 AWK(오크라고 읽는다). 소문자로 awk라고 쓸 때는 처리계를 의미한다.

기억해야 할 키워드

원라이너

한 줄로 이루어진 프로그램을 말한다. 커맨드 라인에서
작은 처리를 실행할 때 편리하다.
예를 들면 아래의 처리를 실행하면 abc.txt라는 파일 중
에서 'Windows'가 포함된 행만 출력된다.
예) cat abc.txt | awk '/Windows/{print $0}'

내장 변수

레코드의 구분 문자(초기 설정은 개
행)이나 필드를 구분하는 문자(초기
설정은 공백 또는 탭) 등을 설정하고
있는 변수를 말한다.
이 변수의 값을 바꾸는 것으로 입력의
형식에 맞추어서 처리를 할 수 있다.

필드

AWK에서는 행 단위로 처리를 하지만 각행을 구
분하는 문자(기본 설정은 공백)로 구분한 각 열을
필드라고 부른다.
예를 들면 아래와 같이 사용하면 abc.txt라는 파
일 중에서 3번째 열만 출력할 수 있다.
예) cat abc.txt | awk '{print $3}'

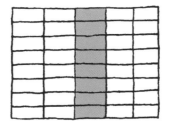

(프로그래밍 예제) **하노이의 탑(hanoi.awk)**

```
# 하노이의 탑
function hanoi(n, from, to, via){
    if (n > 1){
        hanoi(n - 1, from, via, to)
        print from " -> " to
        hanoi(n - 1, via, to, from)
    } else {
        print from " -> " to
    }
}

{
    hanoi($1, "a", "b", "c")
}
```

입력 전체에 매치

입력된 모든 행에 매치시키기 때문에
숫자를 기입한 행을 여러 개 준비하면
각각에 대한 처리를 실행한다.

Bash. 배시

커맨드를 조합해서 자동화!
많은 UNIX에서 사용되는 셀

탄생
1988년
만든 사람
Brian Fox
주요 용도
셸 스크립트
분류
절차형/인터프리터

이런 언어

OS에 사용자가 주는 지시(커맨드)를 받아 들이고, 처리 결과를 표시하기 위해서 사용되는 '셸'이라고 불리는 프로그램. 처리의 실행을 자동화 하기 위해서 간단한 프로그램을 작성할 수 있어서 '셸 스크립트'라고 불린다.

Bash 이외에도 csh나 ksh, zsh 등 셸은 여러 가지가 있지만, 다수의 UNIX계 OS에 배시가 표준으로 등재되어 있다.

ALGOL68풍의 제어구조

많은 언어에서 if문 등의 제어구조에 '{'와 '}'를 한 쌍으로 쓰지만 ALGOL68에서는 반전 문자열을 사용한다. 예를 들면 'if'의 끝에는 'fi', 'case'의 끝에는 'esac', 'do'의 끝에는 'od' 등이다. Bash도 마찬가지로 문자열을 반전시켜 사용한다.

Linux에서 표준 셸

이용자가 입력한 커맨드를 OS에 전달하고 그 결과를 받아오는 역할을 하는 셸은 여러 가지가 있지만, 다수의 Linux 배포판에서 표준 셸로 Bash를 사용하고 있다.

GPL 라이선스[1]

csh, tcsh, zsh 등이 BSD 라이선스로 배포되고 있는 것에 비해 Bash는 GPL 라이선스로 배포되고 있다.

---

1 옮긴이 주_ GPL 라이선스는 해당 프로그램을 어떤 목적이나 형태로든 사용할 수 있지만, 사용하거나 변경된 프로그램을 배포하는 경우 무조건 동일한 라이선스 즉, GPL로 공개해야 한다는 제약조건을 포함하고 있습니다.

Column

Windows에서도 Bash를 사용할 수 있다

64비트판 Windows 10 Anniversary Update 이후에는 Windows에서도 Bash 셸을 쓸 수 있게 되었다(기본 옵션으로는 사용할 수는 없고 설정과 인스톨이 필요). Windows 상에서 Ubuntu의 컴포넌트를 동작시키는 것으로 구현되어 있다. 다만 개발 툴로 분류되어 있어서 Windows 관리 툴로는 'PowerShell'(Windows 7 이후에 탑재)를 이용한다.

기억해야 할 키워드

괄호 확장
복수의 파일을 일괄 생성하는 경우
등에서 파일명을 일련번호로 작성
하고 싶은 경우가 있다. 괄호 확장
을 사용하면 루프를 사용하지 않고
중괄호를 사용해서 해당 부분 문자
열을 자동생성 할 수 있다.

dash(Debian Almquist shell)
Debian이나 Ubuntu에서 기본 셸로
사용되고 있는 셸. Bash 보다 간결해
서 시작이 빠르다는 특징이 있다.

Shellshock
Bash처럼 이용자가 많은 소프트웨어에 결
함이나 취약성이 발생하면 큰 영향을 미치
게 된다. 2014년에 발생된 Shellshock라
고 불리는 취약성이 많은 환경에 영향을
미쳤다(CVE-2014-6271).

프로그래밍 예제   **하노이의 탑(hanoi.sh)**

```
#!/bin/bash

# 하노이의 탑
hanoi(){
    local -i n=$1
    local from=$2
    local to=$3
    local via=$4
    if [ $n -gt 1 ]; then
        hanoi $n-1 $from $via $to
        echo $from " -> " $to
        hanoi $n-1 $via $to $from
    else
        echo $from " -> " $to
    fi
}

read n
hanoi $n "a" "b" "c"
```

> **변수 지정방법의 차이**
> 대입할 때는 변수명만, 참조
> 할 때는 변수명의 앞에 '$'를
> 붙인다

BASIC.
베이직

초보 입문자용 프로그래밍 언어

탄생
1964년
만든 사람
John George Kemeny／
Thomas E.Kurtz
주요 용도
교육
분류
절차형/
인터프리터 · 컴파일러

이런 언어

이름처럼 초보자를 위한 언어로 1980년대 초기에 마이크로컴퓨터나 PC에 많이 탑재되었다. 전원을 켜면 바로 BASIC을 동작시키는 기종도 등장하고 가볍게 프로그램을 짤 수 있었기에 PC의 보급에도 큰 역할을 했다.

다만 기종에 따라서 독자적인 확장이 이루어졌기 때문에 제조사가 같아도 다른 기종에서는 동작하지 않는 경우도 있었다('방언'이라고 불렸다).

프로그래밍의 입문 언어로 널리 사용되었다.

행 번호

각 행의 행 머리에 행번호를 써서 행 번호 순으로 실행되었다.
또 프로그램을 수정할 때는 행 번호 다음에 해당 행을 기술하는 것으로 덮어쓸 수 있다. GO TO 등으로 점프할 곳을 행 번호로 지정한다.

그래픽 기능이 있다

CIRCLE(원)이나 LINE(선) 등의 명령이 있어서 콘솔 화면 상에서 그래픽을 그리는 기능이 있다.
또 채우기 등에서 색상을 지정할 수도 있다.

대문자 소스코드

많은 프로그래밍 언어가 대문자와 소문자를 조합해서 소스코드를 기술하는데 비해서 BASIC은 대문자와 소문자 구별이 없고 모두 대문자로 표기하는 것이 일반적이다.

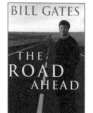

Column

이름의 유래와 대중화 과정

'Beginner's All-purpose Symbolic Instruction Code'의 이니셜로 처음으로 프로그래밍을 경험해 보는 언어로 많은 사람들이 학습했었다. BASIC이 대중에게 널리 퍼진 것은 마이크로 컴퓨터의 보급과 PC의 여명기에 빌 게이츠가 이끈 Microsoft가 적극적으로 제공했던 부분이 컸다.

기억해야 할 키워드

N88-BASIC

NEC의 PC-8800 시리즈나 PC-9800 시리즈 등에 탑재되어 있던 BASIC의 처리계. N88-BASIC에서 동작하는 프로그램이 다수 유통되었기 때문에 PC-88/98 시리즈는 Windows의 등장 전에는 압도적인 점유율을 확보하고 있었다.

베마가

일본 전파신문사에서 발간한 '마이크로 컴퓨터 BASIC 매거진'이라는 PC 관련 잡지. 독자에게 투고 받은 게임 등의 소스코드(BASIC)가 수록되어 있어 독자는 이것을 직접 입력해서 즐길 수 있었다.

MSX

1980~90년대에 여러 제조사에서 저가로 제공되었던 PC. BASIC 인터프리터인 'MSX-BASIC'이 탑재되어 있어 아이들이 BASIC으로 놀 수 있는 환경을 제공했다. 어떤 제조사의 기종에서도 기본적인 프로그램은 공통으로 동작한다는 철학이 있어서 확장은 카트리지로 할 수 있었다.

(프로그래밍 예제) **하노이의 탑(hanoi.bas)**

```
10 DIM S(5120)
20 REM 장수 입력
30 INPUT "N="; DISKS
40 CFROM="A"
50 CTO="B"
60 CVIA="C"
70 ACT=0
80 GOSUB 400
90 REM 루프 시작
100 WHILE ESP > 0
110 GOSUB 540
120 CSUBDISKS=DISKS-1
130 IF ACT=0 THEN GOTO 140 ELSE GOTO 270
140 IF DISKS=1 THEN GOTO 150 ELSE GOTO 180
150 PRINT USING "@ -> @"; CFROM; CTO;
160 PRINT ""
170 GOTO 350
180 ACT=1
190 GOSUB 400
200 DISKS=CSUBDISKS
210 TEMP=CVIA
220 CVIA=CTO
```

```
230 CTO=TEMP
240 ACT=0
250 GOSUB 400
260 GOTO 350

~~~ 중략 ~~~

500 RETURN
510 REM 스택에 추가 종료
520 REM
530 REM 스택에서 꺼내기
540 ESP=ESP-1
550 ACT=S(ESP)
560 ESP=ESP-1
570 CVIA=S(ESP)
580 ESP=ESP-1
590 CTO=S(ESP)
600 ESP=ESP-1
610 CFROM=S(ESP)
620 ESP=ESP-1
630 DISKS=S(ESP)
640 RETURN
650 REM 꺼내기 종료
```

bc 비시

커맨드 라인에서 사용하는 전자계산기!?
거대한 수도 계산할 수 있는 언어

탄생
1975년
만든 사람
Rovert Morris/
Lorinda Cherry
주요 용도
계산
분류
절차형/
인터프리터 · 컴파일러

(이 런 언 어)

임의 정도 연산이 가능하기 때문에 큰 수의 계산에 사용되는 언어.
POSIX로 표준화 되어 있어 많은 환경에서 사용할 수 있다.
계산기 대신으로 사용할 뿐만 아니라 문법이 C언어와 비슷해서 C
언어와 비슷한 느낌으로 구현을 할 수 있기 때문에 정밀성이 필요한
계산부분의 구현에 사용되는 경우가 많다. 입력이나 출력의 기수를
지정할 수 있어서 2진수나 16진수의 계산도 가능.

소수의 계산도 정밀
정수부와 소수부에 임의의 정밀도를 지
정할 수 있어 소수점 이하의 유효 자릿
수를 지정한 소수의 계산이 가능

중위 표기법에 의한 계산기
전자계산기를 구현할 때, 폴란드 표
기법이나 역 폴란드 표기법을 사용하
면 연산자의 우선순위를 고려할 필요
가 없어 구현이 쉬워진다.
하지만 bc에서는 사람이 이해하기
쉬운 중위 표기법을 사용하고 있다.

대화적 연산이 가능
대화 모드로 콘솔에서 동작시키면
대화형으로 수식을 입력해 연산결
과를 확인할 수 있다.
그렇기 때문에 커맨드라인 환경에
서 전자계산기로 사용되는 경우도
많다.

(Column)

dc커맨드

dc는 역 폴란드 표기법으로 입력하는 계산 툴. bc와 마찬가지로 임의
정도 연산이 가능해서 입력된 수나 계산 결과 등이 담긴 스택의 조작
이 가능하다. 많은 리눅스 배포판에서 표준으로 인스톨되어 있다.

기억해야 할 키워드

의사문(pseudo statement)
컴파일 시점에 처리될 문에서 소스코드에 해당하는 문이 등장하면 무조건 실행된다. 예를 들면 quit이라는 의사문이 등장하면 그 문장을 실행하는 조건을 만족시키지 않아도 강제적으로 실행을 종료한다.

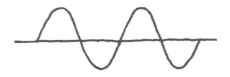

수학 라이브러리
sin이나 cos 등의 삼각함수, log나 지수함수 등을 구하는 수학 라이브러리가 준비되어 있다. 또 그 소수점 이하의 유효 자릿수도 지정할 수 있다.

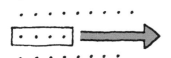

임의 정도 연산
수치 자릿수의 정밀도가 시스템이 이용 가능한 메모리 용량으로 제한된 계산 기법. 그래서 다중 정도 연산도 가능하다. 예를 들면 2의 100승이라도 연산할 수 있다.

(프 로 그 래 밍 예 제) **하노이의 탑(hanoi.bc)**

```
# 하노이의 탑
define hanoi(n, from, to, via){
  if (n > 1){
    result = hanoi(n - 1, from, via, to);
    print from, " -> ", to, "\n";
    result = hanoi(n - 1, via, to, from);
  } else {
    print from, " -> ", to, "\n";
  }
}

n = read();
result = hanoi(n, 1, 2, 3);
```

변수는 수치만
변수에는 수치 또는 배열만 존재해 문자열 등은 담을 수 없다.

Brainfuck
브레인퍽

단 8개의 문자만 사용!?
튜링 완전한 난해 프로그래밍 언어

탄생
1993년
만든 사람
Urban Müller
주요 용도
프로그래밍 연습 등
분류
명령형/인터프리터

(이 런 언 어)

+-〈〉[],. 8종류의 명령만으로 소스코드를 기술하는 언어. 단순한 기능만 가지고 있지만 튜링 완전한 언어이다.

수치를 보관하기 위한 배열(셀)이 1열로 준비되어 있어 어떤 것이든 0으로 초기화 될 수 있다. 이 셀을 조작하기 위해서 포인터를 사용해 셀을 좌우로 이동시키거나 셀의 값을 변화시켜서 처리를 동작시킨다.

난해 프로그래밍 언어로 분류되지만, 튜링 머신을 상상해 보면 동작을 쉽게 이해할 수 있다.

문자 코드의 입출력

.: 셀에 보관되어 있는 값이 문자코드인 문자를 표준출력에 출력한다.
.: 표준 입력에서 입력된 문자의 문자코드를 셀에 보존한다.

셀의 값을 변경

+: 셀에 보관되어 있는 값을 1 증가시킨다.
−: 셀에 보관되어 있는 값을 1 줄인다.

셀의 이동

〈: 셀을 하나 왼쪽으로 이동시킨다.
〉: 셀을 하나 오른쪽으로 이동시킨다.
[: 셀의 값≠0이라면 다음 명령으로, =0이라면 대응하는 ']'의 다음 명령으로 이동.
]: 셀의 값≠0이라면 대응하는 '['의 다음 명령으로, =0이라면 다음 명령으로 이동한다.

(Column)

보고 즐기는 난해 프로그래밍 언어

이 책에서 다루는 언어는 아니지만 난해 프로그래밍 언어로 자주 언급되는 것이 있다. 예를 들면 소스코드가 도트 그림으로 표현된 'Piet'나 그림 문자를 사용해서 표현한 'Emojicode' 등 실용성 보다는 보고 즐기기 위한 언어도 많다.

기억해야 할 키워드

파생언어

Brainfuck의 8개의 명령문자 외의 문자나
단어로 바꾼 많은 파생문자가 존재한다.

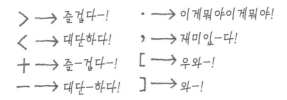

> ⟶ 즐겁다-!   · ⟶ 이게뭐야이게뭐야!

< ⟶ 대단하다!   , ⟶ 재미있-다!

+ ⟶ 즐-겁다-!   [⟶ 우와-!

— ⟶ 대단-하다!   ] ⟶ 와-!

JSFuck

Brainfuck과 비슷한 언어지만 6종류
의 문자만 사용한다.
JavaScript로 실행되기 때문에 웹
브라우저만 있으면 실행할 수 있다.

P"

1964년에 개발된 프로그래밍 언어. 4종류
문자만을 사용한 언어로, 튜링 완전하다.
Brainfuck은 P"의 파생언어로 알려져 있다.

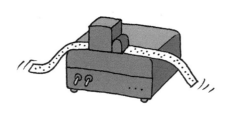

(프 로 그 래 밍   예 제) **하노이의 탑(hanoi.bf)**

하노이의 탑

```
,>++++++[-<-------->]>>>++++++++[-<+++++++++<++++++++<+++++++>>>]<+++
<++<+<[>>>>>+<[>-<<<<<->.>.>>>++++++++++.[-]<<[>>+<<-]<<[>>+<<-]>>>>[
<<<<+>>>>-]<-]>>[<<+>>-]<[-<<<<<-<+>[[>>>>>>+>+<<<<<<<-]>>>>>>>[<<
<<<<<+>>>>>>>-]<<<<<<<[>>>>>>>+>+<<<<<<<<-]>>>>>>>>[<<<<<<<<+>>>>>>
>>-]<<<<<<<[>>>>>+>+<<<<<<<-]>>>>>>>[<<<<<<<+>>>>>>>-]<<<<<<<[>>>>>
>>+>+<<<<<<<<-]>>>>>>>>[<<<<<<<<<+>>>>>>>>>-]<<<<<<<+<<<<+<->>>>>>
>[<<+>>-]]<<[>>+<<-]>[>>.>.>>>+++++++++.[-]<<[-]<[-]<[-]<[-]<-<<<<<
<]>>>>>]<<<<<]
```

C.
씨

프로그래머라고 불리고 싶다면 꼭 알아두어야 할 언어의 기본

탄생
1972년
만든 사람
Dennis Ritchie
주요 용도
게임, 임베디드, 교육 등
분류
절차형/컴파일러

(이 런 언 어)

B언어를 잇는 언어로 개발되었기 때문에 B의 다음인 C언어로 이름을 붙였다고 알려져 있다. 영향을 준 프로그래밍 언어가 많아서 C언어를 익혀두면 다른 언어의 학습도 쉬워진다. 오래 전부터 학습한 사람도 많고 자료도 풍부하다.
많은 프로그래밍 언어의 컴파일러가 C언어로 개발되어 있다. 또 첫 번째 프로그래밍 언어로써 교육에 사용되는 경우도 많다. 지금도 많은 언어의 구조와 문법에 영향을 미치고 있기 때문에 배워두어서 손해 볼 것은 없다.

고속

OS나 디바이스 등 메모리나 CPU 등을 직접 이용하는 시스템의 개발에 사용되는 경우가 많다.
게임이나 임베디드 기기와 같이 빠른 처리속도가 필요한 경우 등에 사용된다.

사용 방법을 틀리면 위험

버퍼 오버 런 등을 조심하지 않으면 공격자에 의해서 임의의 프로그램이 실행될 위험성이 있다.
메모리 누수 등이 있으면 리소스를 다 사용해 버릴 가능성도 있다.
개발자가 제대로 이해하고 사용해야 한다.

단순함

Java나 C# 등에 비교해서 기억할 것이 적다.

(Column)

Hello world는 여기서 시작됐다!

C언어의 해설서로 유명한 「C 프로그래밍 언어」. K&R이라고도 불린다. 여기서 예로 들고 있는 'Hello world'를 출력하는 프로그램은 뒤에 나오는 많은 C 관련 도서에서 최초의 프로그래밍 예제로 사용되고 있다.

기억해야 할 키워드

포인터

변수나 함수의 주소를 가리키는 값을 보존하는 변수. 초보자가 이해하기 어려워서 포인터 때문에 좌절했다는 사람도 많다고 한다.

함수 호출의 인자로 포인터를 전달하기 때문에 큰 사이즈의 변수나 복잡한 구조를 가진 구조체라도 확보하는 메모리는 포인터의 사이즈만으로 충분하다.

임베디드

가전제품이나 자동차의 제어장치에 사용되고 있는 임베디드 기기 등 CPU나 메모리 등의 리소스에 여유가 적은 환경에서 실행되는 것에 사용된다.

이식성

특정 플랫폼에 의존한 부분을 언어에서 분리해서 개발하고 있기 때문에 프로그램의 이식이 비교적 쉽다.
다만 이식할 때는 재컴파일이 필요.

프로그래밍 예제 **하노이의 탑(hanoi.c)**

```c
#include <stdio.h>

/*
하노이의 탑
*/
void hanoi(int n, char from, char to, char via){
    if (n > 1){
        hanoi(n - 1, from, via, to);
        printf("%c -> %c\n", from, to);
        hanoi(n - 1, via, to, from);
    } else {
        printf("%c -> %c\n", from, to);
    }
}

int main(void){
    int n;
    scanf("%d", &n);
    hanoi(n, 'a', 'b', 'c');

    return 0;
}
```

> **서식 지정자**
>
> printf나 scanf에서 사용되는 서식 지정자에는 아래와 같은 것들이 있다.
> %c: 문자
> %d: 정수의 10진수 표기
> %f: 부동소수점수
> %s: 문자열
> %x: 정수의 16진수표기

C#

^{씨샵}

Windows에서 웹과 모바일까지!
.NET의 표준언어

탄생
2000년
만든 사람
Microsoft
주요 용도
Windows, 웹, 모바일 앱 개발
분류
절차형 · 함수형 · 객체지향형/컴파일러

이런 언어

Windows에서 사용되고 있는 .NET Framwork의 표준이라고 할 수 있는 언어.
언어사양이 공개 · 표준화 되어 있고 대부분의 경우 Microsoft에 의한 컴파일러나 실행 환경을 사용하기 때문에 방언 등이 없어서 배우기 쉽다.
라이브러리도 풍부하고, 전부 학습하는 것은 힘들지만 문서가 잘 정리되어 있어 이용자가 많다.

사용하기 쉬운 개발 환경
Visual Studio 등 통합 개발 환경이 정비되어 있어 초보자도 쉽게 개발할 수 있다.

좋은 점만 취하기
Java나 Delphi, C++이나 Visual Basic 등 기존 언어에서 좋은 점만 잘 조합해서 만들어졌다.

폭 넓은 환경에 대응
Windows 앱뿐 아니라 ASP. NET의 웹 앱, 스마트폰의 앱까지 폭넓게 개발할 수 있다.

Column

이름의 유래

#은 음악에서 '반음 높이다'라는 의미가 있어서 C에 대해 C++이 있는 것처럼 '보다 좋은 C'라는 의미가 담겨 있다고 알려져 있다. 또 #의 모양이 C++에서 ++가 더 추가되었다는 설도 있다.

기억해야 할 키워드

.NET Framework

마이크로소프트가 개발한 애플리케이션 개발·실행 환경.
.NET Framework에 대응한 언어로 작성한 소스코드는 공통 중간언어(CIL)로 컴파일되어 공통 언어 기반(CLI)으로 실행된다.

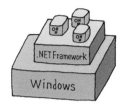

Xamarin

Android나 iOS의 앱의 개발에 사용할 수 있는 라이브러리 개발 환경.
일반적으로, Android의 앱은 Java, iOS의 앱은 Objective-C나 Swift를 사용하는데, 이 언어들을 따로 배우지 않고 C#만으로도 어느 쪽 앱이든 만들 수 있다.

Unity

Windows나 macOS로 동작하는 통합형 게임 개발 환경에서 C#으로 코딩한다.
iOS나 Android의 앱, Windows나 macOS 등에서 동작하는 데스크톱 앱, 웹 앱 그리고 Wii U나 Play Station, Xbox 360 등의 게임기에서도 동작하는 3D 애플리케이션을 작성할 수 있다.

(프 로 그 래 밍 예 제) **하노이의 탑(hanoi.cs)**

```
using System;

/*하노이의 탑 */
public class Hanoi
{
    private void hanoi(int n, char from, char to, char via)
    {
        if (n > 1){
            hanoi(n - 1, from, via, to);
            Console.WriteLine(from + " -> " + to);
            hanoi(n - 1, via, to, from);
        } else {
            Console.WriteLine(from + " -> " + to);
        }
    }

    public static void Main()
    {
        int n = int.Parse(Console.ReadLine());
        Hanoi h = new Hanoi();
        h.hanoi(n, 'a', 'b', 'c');
    }
}
```

C++
씨 플러스플러스

C언어에 객체지향형을 추가
라이브러리도 풍부하고 처리 속도도 빠름

탄생
1983년
만든 사람
Bjarne Stroustrup
주요 용도
게임, 임베디드, 교육 등
분류
절차형 · 객체지향형/컴파
일러

기본적으로 C언어에 대해서 상위 호환성이 있고, C언어처럼 절
차형의 프로그래밍도 할 수 있다. 언어 사양은 매우 복잡하지만,
객체지향형이라서 대규모 프로그램의 개발에도 적합하다.
많은 C++ 컴파일러는 C언어의 컴파일러를 갖추고 있기 때문에
합쳐서 'C/C++'로 여겨지는 경우도 있다. C++는 대규모 소프트
웨어에서 빠른 속도가 요구되는 게임 개발 등에 필수적이다.

가비지 컬렉션이 없다

Java나 C#에서는 자동 메모리 관리 기능
이 있지만, C++에는 존재하지 않기 때문
에 메모리 누수가 발생할 수 있다.

제너릭 프로그래밍이 가능

템플릿 기능에 의해서 자료형이
존재하지 않는 프로그래밍이 가
능하다.
같은 처리를 하는 코드를 각각
의 자료형마다 구현할 필요가
없어진다.

다중 상속이 가능

객체지향형 개발에 있어서 복수
의 클래스에서 상속하는 '다중
상속'이 가능.
Java나 C# 등 다른 언어에서는
단일 상속만 가능하게 되어 있
지만, C++에서는 복수의 클래
스를 상속할 수 있다.

Column

빌드 툴 make

C언어나 C++를 사용해서 프로그램을 작성한 경우 컴파일을 할 때
필요한 파일로 소스코드와 헤더 파일, 링크하는 라이브러리 등을
지정할 필요가 있다.
규모가 커지면 매번 지정하는 것이 힘들어지기 때문에 빌드 툴이
사용된다. make는 현재도 많은 프로그램에서 사용되고 있는 빌드
툴로 다른 언어를 사용하는 경우에도 알아 두는 것이 좋다.

기억해야 할 키워드

STL(Standard Template Library)

C++의 표준 라이브러리. 가변길이 배열 등의 객체를 보관하는 콘테이너나 콘테이너 각 요소에 액세스하는 이터레이터, 정렬 등의 알고리즘이 갖추어져 있다.

Boost

차기 C++ 표준이라고 불리고 있는 오픈소스 라이브러리. 벡터나 행렬, 문자열 처리 등 풍부한 기능을 갖추고 있다.
무료로 사용할 수 있을 뿐 아니라 GPL 처럼 소스코드의 공개의무도 없다.

Qt

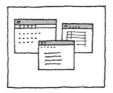

Linux 등에서 사용되는 X Window System이나 Windows, macOS 등의 다양한 환경에서 실행할 수 있는 GUI를 갖춘 애플리케이션을 같은 소스코드로 개발할 수 있는 프레임워크.

프로그래밍 예제 **하노이의 탑(hanoi.cpp)**

```cpp
#include <iostream>
using namespace std;

/*하노이의 탑 */
void hanoi(int n, char *from, char *to, char *via){
    if (n > 1){
        hanoi(n - 1, from, via, to);
        cout << from << " -> " << to << endl;
        hanoi(n - 1, via, to, from);
    } else {
        cout << from << " -> " << to << endl;
    }
}

int main() {
    int n;
    cin >> n;
    hanoi(n, "a", "b", "c");

    return 0;
}
```

CLIPS

NASA가 독자적으로 개발한 전문가 시스템 개발 툴

탄생
1986년
만든 사람
나사 존슨 우주 센터
주요 용도
인공지능 연구
분류
함수형 · 객체지향형/
인터프리터

규칙 베이스의 프로그래밍 언어로 인공지능의 연구에서
사용되는 전문가 시스템을 작성하는데 도움이 된다.
C Language Integrated Production System(C언어 통
합형 프로덕션 시스템)의 약칭이다.
C나 Java 등 다른 언어와 통합하기 쉽도록 설계되어 있
다(Java 용으로는 소스코드의 호환성이 있는 규칙 엔진인
'Jess'가 있다).

GUI로 조작도 가능

커맨드라인의 인터랙티브한 실행이나
스크립트를 받아야 하는 처리뿐 아니라
GUI를 사용해서 윈도우나 메뉴 등 마우
스로도 조작할 수 있다.

지식을 표현한다

LISP 풍의 괄호로 감싸진 구문에
서 모든 구성요소를 정의한다.
'어떻게 처리할까'라는 순서가 아
니라 '그것이 무엇일까'라는 규칙
을 쓰는 것으로 지식을 표현한다.

다른 시스템과의 통합 가능

자체적으로 에디터나 디버그
툴 등의 기능을 가지고 추론
엔진 등도 갖추어져 있다. 또
한, 다른 시스템에 삽입하거나
CIPS에서 외부 함수를 호출하
는 것도 가능.

비즈니스 현장에서도 사용되고 있는 BRMS

비즈니스 규칙을 애플리케이션과 분리해서 정의하는 것으로 비즈
니스 규칙의 변경에 쉽게 대응할 수 있는 시스템. '규칙 엔진'에 의
해서 비즈니스 규칙을 관리 · 실행하는 시스템으로 CLIPS는 그 선
구자적인 시스템이라고 할 수 있다.
※BRMS : Business Rule Management System

기억해야 할 키워드

전문가 시스템

인간의 경험이나 지식을 모델화한 다음, 규칙으로 구현해서 컴퓨터가 추론하도록 해서 인간과 같은 결과를 얻는 시스템이다.
인공지능에 사용되는 것을 기대하고 있지만, 방대한 지식을 표현하는 것이 어려워서 일부 영역에서만 사용되고 있다.

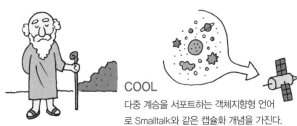

COOL

다중 계승을 서포트하는 객체지향형 언어로 Smalltalk와 같은 캡슐화 개념을 가진다.
CLIPS Object Oriented Programming Language의 약어.

모듈

지식 기반을 분할하는 구조. 모든 구성요소는 모듈 안에 배치할 필요가 있고, 그 구성요소가 다른 모듈에서 보일지를 제어할 수 있다.
또 모듈에 의한 규칙의 실행 흐름을 제어할 수 있다.

프로그래밍 예제) 하노이의 탑(hanoi.clp)

```
(deffacts hanoi (goals tower of 3 A C B))

(defrule move-tower
  ?old-goals <- (goals tower of ?number&~1 ?from ?to ?via $?rest)
  =>
  (retract ?old-goals)
  (assert (goals tower of =(- ?number 1) ?from ?via ?to
    tower of 1 ?from ?to ?via
    tower of =(- ?number 1) ?via ?to ?from ?rest)))

(defrule move-tower-with-one-disk
  ?old-goals <- (goals tower of 1 ?from ?to ?via $?rest)
  =>
  (retract ?old-goals)
  (assert (goals disk ?from ?to ?rest)))

(defrule move-one-disk
  ?old-goals <- (goals disk ?from ?to $?rest)
  =>
  (retract ?old-goals)
  (printout t ?from " -> " ?to crlf)
  (assert (goals ?rest)))

(reset)
(run)
(exit)
```

Clojure

클로저

대화형 실행 환경에서 순서대로 평가
JVM이나 .NET 위에서 동작하는 LISP계 언어

탄생
2007년
만든 사람
Rich Hickey
주요 용도
Web 시스템,
Android 앱 개발
분류
함수형/
인터프리터 · 컴파일러

이런 언어

주로 Java VM에서 동작하고 LISP과 비슷한 문법을 가진
언어. 다만 벡터나 맵 등의 데이터 구조를 표현할 때는 다
른 기법이 준비되어 있기 때문에 LISP처럼 많은 괄호가
구분하기 어려울 정도로 등장하는 경우는 드물다.
REPL에 의한 인터랙티브한 개발이 가능할 뿐 아니라 병
렬 처리에 강하다. Ring이나 Compojure와 같은 라이브
러리를 사용해서 웹 개발도 가능.

다양한 리스트를 다루는
시퀀스

리스트뿐만 아니라 벡터, 맵 등 어떤 것
이든 '시퀀스'로 추상화해서 다루는 것
이 가능해 같은 이름의 함수에 인자를
전달할 수도 있다.

기존의 플랫폼 상에서
동작한다

Java VM이나 CLR(.NET의 VM),
JavaScript 등의 환경에서 동작하기
때문에 기존의 라이브러리나 API 등
을 활용할 수 있다.

멀티 메소드에 의한
다형성

복수의 함수를 묶은 것 같은 특수한 함수
로 매개변수의 자료형 등에 의해서 실행
할 때 처리를 바꿀 수 있다.
컴파일할 때가 아니라 실행할 때 자료형
에 의해서 호출되는 메소드가 정해진다.

Column

Clojure와 Closure

프로그래밍 언어 Clojure와 비슷한 발음을 가진 언어로 Closure
가 있다. Closure는 JavaScript 옵티마이저로 JavaScript 코드를
고속으로 실행할 수 있도록 변환한다. 일부 프로그래밍 언어에서는
람다식이나 익명함수 등을 Closure라고 하는 경우도 있다.

기억해야 할 키워드

Leiningen

Clojure용 빌드 툴이고, 패키지 관리 툴이기도 하다.
Clojure의 인스톨에 사용될 뿐 아니라, 신규 프로젝트를 템플릿으로 생성해서 작성하는 것도 가능.

Overtone

Clojure로 만들어진 오픈소스 오디오 환경(신시사이저). 프로그램을 바꿔 작성하면서 재생하는 것으로 실시간으로 음악을 작성, 재생할 수 있다.

STM(Software Transactional Memory)

데이터베이스 등에서 채용되고 있는 트랜잭션 처리와 비슷한 방식을 일반적인 프로그래밍에 도입한 것. 잠그지 않는 낙관적 처리를 하고, 처리에 실패했을 경우 취소해 재실행 한다.

프로그래밍 예제 **하노이의 탑(hanoi.clj)**

```
(use '[clojure.java.io])

; 하노이의 탑
(defn hanoi [n from to via]
  (if (> n 1)
    (do
      (hanoi (dec n) from via to)
      (println (format "%s -> %s" from to))
      (hanoi (dec n) via to from))
    (println (format "%s -> %s" from to))))

(doseq [n (line-seq (reader *in*))]
  (hanoi (read-string n) 'a 'b 'c))
```

COBOL. 코볼

금융계 사무 시스템에서는 필수!
대기업 중심으로 아직도 활용되는 언어

탄생
1959년
만든 사람
Grace Hopper 외
주요 용도
사무 시스템,
업무 시스템
분류
절차형 · 객체지향형/컴파
일러

(이 런 언 어)

사무처리 등에 사용되는 레코드 단위의 처리나 청구서의
작성 등의 일괄 처리(batch processing)에 적합해서 금융
기관 등에서 많이 사용되고 있다.
오랫동안 사용되고 있어서 신뢰성이 높고, 메인 프레임 등
에서는 현재도 주류 언어이다. 대기업 중에는 COBOL의
소스코드가 아직 많이 남아 있고 메인 프레임에서 벗어나
는 것이 어렵다는 문제를 가지고 있는 경우도 있다.

영어와 비슷한 구문

문법이 영어와 비슷하기 때문에 초보
자도 읽기 쉽다. 또 소스코드의 기술
방법에서 개발자의 실력에 따른 차이
가 생기기 어렵다.

10진수의 연산이 장점

많은 프로그래밍 언어는 2진수로 수치
를 취급하고 있지만, COBOL에서는 2
진화 10진법 등이 있어 소수점을 포함
한 수치를 10진수로 계산할 수 있다.
이 때문에 돈을 다루는 은행 등에서 중
요하게 여겨지고 있다.

1행은 80자리

COBOL의 소스코드는 1행에 80자리
(반각80문자)로 정해져 있다.
처음의 1~6번째 자리까지는 코딩에
는 영향을 미치지 않고 일련번호가
부여된다.
7번째 자리는 주석을 나타내는 '*' 등
에 사용하고 8번째 자리부터 72번째
자리는 실제 소스코드를 쓰는 등 영
역이 나뉘어 있다.

(Column)

밀레니엄 문제

COBOL에는 수치를 변수에 저장하는 경우 자릿수를 지정한다. 예를 들면 최
대 2자릿수의 정수만 취급하면 충분한 경우는 2자릿수만 확보하는 것으로 메
모리 사용량을 최소화할 수 있다.
이것이 원인이 되어 발생한 것이 2000년 밀레니엄 문제로, 당시에는 연도를
아래 2자리수로만 취급하고 있었다. 그래서 2000년이 내부에서 '00'이 되어
버려서 날짜 순서로 정렬되는 처리 등에서 오작동을 일으키는 경우가 있었다.

기억해야 할 키워드

메인 프레임

'범용기'나 '호스트 컴퓨터' 등으로 불리기도 하는 대형 컴퓨터. 신뢰성이나 안정성이 요구되는 큰 조직에서 사용되고 있다.
각 제조사가 독자 하드웨어나 OS로 제공하고 있는 경우가 많고 복수의 업무를 병행처리 하거나 대규모 일괄처리 등에 강하다.

JCL(Job Control Language)

작업 제어 언어의 줄임말. 메인 프레임의 OS 등에서 이용할 수 있는 언어로 COBOL 등으로 작성된 프로그램을 실행하는 역할을 한다.
셸 스크립트나 배치 파일에 가깝지만 세밀한 실행 제어가 가능하다.

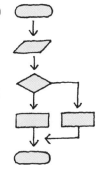

레거시 마이그레이션

메인 프레임에서 구축된 시스템을 UNIX나 Windows 등의 오픈된 플랫폼으로 이식하는 것.
COBOL 등으로 만들어진 소스코드를 변환 툴 등을 이용해서 새로운 시스템에서 실행할 수 있는 언어로 변환한다.

(프로그래밍 예제) **하노이의 탑(hanoi.cobol)**

```
000100 IDENTIFICATION DIVISION.
000200 PROGRAM-ID.    THE-TOWER-OF-HANOI.
000300*
000400 ENVIRONMENT DIVISION.
000500*
000600 DATA DIVISION.
000700*
000800 WORKING-STORAGE SECTION.
000900 01   STACK-AREA.
001000    02  ESP              PIC S9(3) COMP.
001100    02  STACK-FRAME      OCCURS 1024.
001200       03  STACK-DISKS PIC 9(1).
                    ~~~중략~~~
003200 PROCEDURE  DIVISION.
003300 HANOI-START.
003400*   디스크 수를 입력(개행 코드도 필요)
003500     ACCEPT CURRENT-DISKS.
003600*
003700     MOVE  1           TO  ESP.
003800     MOVE  CURRENT-FRAME    TO  STACK-FRAME (ESP).
003900     PERFORM  DO-HANOI
004000        UNTIL  ESP = ZERO.
004100     STOP RUN.
004200*
004300 DO-HANOI.
004400     MOVE  STACK-FRAME (ESP)  TO  CURRENT-FRAME.
                 ~~~이하 생략~~~
```

CoffeeScript
커피스크립트

읽기 쉬운 코드로 오류 감소!
적은 코드로 JavaScript를 생성

탄생
2009년
만든 사람
Jeremy Ashkenas
주요 용도
웹 브라우저
분류
절차형 · 함수형/트랜스파일러

(이런 언어)

Ruby나 Python과 닮은 문법으로 JavaScript와 같은 처리를 기술하기 위한 언어. 그대로 웹 브라우저에서 실행할 수 없기 때문에 JavaScript의 소스코드로 변환해서 사용한다.
실제 운용에서는 node.js 등을 사용해서 서버 측에서 변환하는 경우가 많지만, 테스트라면 라이브러리를 읽어서 웹 브라우저만으로 변환하는 것도 가능하다.

인덴트가 중요

블록을 표현하기 위해서 Python처럼 인덴트를 사용한다.
또 끝에 세미콜론을 사용할 필요가 없기 때문에 소스코드가 깔끔한 인상을 준다.

적은 코드량

JavaScript를 사용할 때보다 코드량이 적기 때문에 개발 효율이 높아질 수 있다.
또 JavaScript 특유의 프로토타입 기반의 객체지향을 의식하지 않고 사용할 수 있다.

RoR(Ruby on Rails)에서 도입이 용이

RoR에서는 'Asset Pipeline'이라는 구조가 있어 CoffeeScript의 소스코드를 배치하는 것만으로 동적 컴파일을 할 수 있다.

(Column)

Backbone.js나 Underscore.js와 같은 개발자

Backbone.js는 싱글 페이지 애플리케이션(SPA) 용의 가벼운 프레임워크, Underscore.js는 JavaScript 라이브러리로 편리한 함수를 제공한다. 둘 다 CoffeeScript의 개발자인 Jeremy Ashkenas에 의해 개발되었다.

기억해야 할 키워드

소스맵

소스코드를 변환하면 디버그 시에 어떤 부분에서 문제가 발생하고 있는지 조사하기 어려운 경우가 있다. CoffeeScript에서는 소스맵의 기능에 의해서 원래 소스코드를 디버거로 표시할 수 있다.

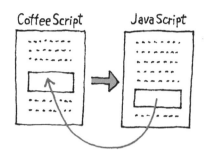

ES6(ECMAScript 2015)

JavaScript의 표준 사양으로 CoffeeScript의 특징이 거의 흡수되었다. 현시점에서는 ES6 이후의 버전을 사용하는 것이 일반적이다.

js2coffee

CoffeeScript는 JavaScript로 변환해서 사용하지만 js2coffee를 사용하면 JavaScript에서 CoffeeScript로의 역변환이 가능하다. 온라인에서도 실행할 수 있는 서비스가 있다.

프로그래밍 예제 **하노이의 탑(hanoi.coffee)**

```
###
하노이의 탑
###
hanoi = (n, from, to, via) ->
  if (n > 1)
    hanoi n - 1, from, via, to
    print from + " -> " + to
    hanoi n - 1, via, to, from
  else
    print from + " -> " + to

n = readline()
hanoi n, "a", "b", "c"

# 실행 결과를 JavaScript(spidermonkey)로 실행
```

csh (C shell) 씨 셸

셸 스크립트도 C언어 스타일?
작은 처리의 자동화

탄생
1978년
만든 사람
**William Nelson Joy
(통칭 Bill Joy)**
주요 용도
셸 스크립트
분류
절차형/인터프리터

사용자로부터 OS를 대상으로 하는 지시(커맨드)를 받아서 처리 결과를 표시하기 위해서 사용되는 '셸'이라고 불리는 프로그램의 하나.
csh는 C언어와 닮은 구조를 가지고 명령 히스토리, 별명(alias), 작업 제어기능 등이 처음으로 도입된 셸로 알려져 있다.
함수를 사용할 수 없다는 한계 때문에 프로그래밍에는 적합하지 않다는 의견도 있지만, 대화형 커맨드를 입력하는 데는 편리하다고 알려져 있다.

C언어 풍의 셸 스크립트
C언어와 마찬가지로 '+=', '-='와 같은 산술 연산자나 '++'와 같은 증가 연산자를 사용할 수 있다.
또 while이나 switch 등도 사용 가능.

공백으로 구분
bash는 변수에 대입하는 등의 경우 '='의 전후에 공백을 넣으면 제대로 실행되지 않지만 csh에서는 공백으로 구분할 수 있다.

BSD계에서의 표준 셸
FreeBSD, NetBSD, OpenBSD 등에서는 표준 셸로 채용되고 있다.
macOS X에서도 10.2까지는 로그인 셸[1]로 채택되어 있다.

---

1 옮긴이 주_ 로그인 셸은 유닉스 운영체제에서 사용자가 시스템에 로그인하면 자동으로 실행되는 셸 프로그램을 의미합니다.

vi인가? Emacs인가?

csh를 개발한 Bill Joy는 에디터 'vi'를 만든 사람으로 알려져 있다. 프로그래머들 사이에서 vi와 emacs는 매우 인기있는 에디터로 vi파와 emacs파로 나뉘는 경우도 있다.
최근에는 Sublime Text나 Atom, Visual Studio Code 등의 고기능 에디터도 차례로 등장하고 있지만, 에디터의 기본인 vi나 Emacs도 알아둘 필요가 있다.

기억해야 할 키워드

tcsh

csh의 모든 기능이 포함되어 있고 여기에 명령 자동 완성, 스펠 수정 등의 기능이 추가되어 있다. 일반적으로 사용되고 있는 csh는 tcsh에 심볼릭 링크[2] 되어 있다.

---

2 옮긴이 주_ 심볼릭 링크는 유닉스 등에서 하나의 파일을 다른 파일과 연결하는 것을 의미합니다. 연결된 링크 파일에 접근하면 운영체제가 직접 원본 파일을 사용하는 것과 같은 효과를 얻을 수 있습니다.

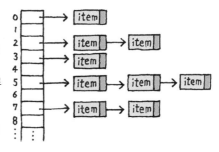

$$@ \quad n = 1+2$$
$$echo \quad \$n$$
$$\rightarrow 3$$

@커맨드

@기호 다음에 공백 그리고 식을 쓰는 것으로 스크립트 안에서 수식 연산을 실행할 수 있다.

rehash

커맨드 입력 시에 PATH 환경변수에서 지정된 패스에서 실행 가능한 커맨드를 찾는 것이 아니라 등록된 해시 테이블에서 검색하는 것으로 고속으로 처리하고 있다.
이 때문에 실행 가능한 커맨드를 신규로 추가한 경우는 rehash 커맨드로 해시 테이블을 재구축해야 한다.

(프 로 그 래 밍 예 제) **하노이의 탑(hanoi.csh)**

```
#! /bin/csh
# 하노이의 탑(실행 시 인수로 장수를 지정)

set N = $1
set S = ($N 'A' 'B' 'C' 0)
while ($#S > 0)
  set disks = $S[1]; shift S
  set from = $S[1]; shift S
  set to = $S[1]; shift S
  set via = $S[1]; shift S
  set act = $S[1]; shift S
  set sub_disks = `expr $disks - 1`
  if ($act == 0) then
    if ($disks == 1) then
      echo "$from --> $to"
    else
      set S = ($sub_disks $from $via $to 0 $disks $from $to $via 1 $S)
    endif
  else
    echo "$from --> $to"
    set S = ($sub_disks $via $to $from 0 $S)
  endif
end
```

재귀를 사용할 수 없다
csh에서는 재귀를 사용할 수 없기 때문에 스택을 사용한다.

D.
디

다른 언어의 장점을 모아서!
C나 C++에서 한 단계 향상된 언어

탄생
2001년
만든 사람
Walter Bright／
Andrei Alexandrescu
주요 용도
데스크톱 앱, 게임,
웹 앱
분류
절차형, 함수형,
객체지향형／컴파일러

(이 런 언 어)

외적으로는 C언어나 C++과 비슷해서 이 언어들을 경험한 사람
이라면 배우기 쉽다. 다만 C언어나 C++ 등과 소스코드 상의 호
환성은 없다.
메모리 누수 등 C++의 문제점을 해결할 수 있도록 설계되어 있
고, C언어처럼 OS의 API나 하드웨어에 직접 접근하는 기능도
제공하고 있다.
객체지향형이나 함수형도 지원하고 있어 중고급 수준의 프로그
래머가 두 번째로 익히는 언어로 적합하다.

**언어 레벨에서
유닛 테스트를 지원**

unittest라는 키워드가 붙은 구문을
쓰는 것으로 컴파일 시에 유닛 테스
트의 실행을 지정할 수 있다.

별명을 붙일 수 있다

변수, 함수, this 키워드 등에 별
명을 붙일 수 있는 '에일리어스'
라고 불리는 기능이 있다.

**컴파일 시에 함수를
실행할 수 있다**

컴파일 시에 조건 분기가 가능한
static if 등의 기술이 가능하다.
실행시의 계산이 불필요해지기 때문
에 빨라질 뿐만 아니라 재평가에 의
한 부작용과 같은 매크로 특유의 문
제를 발생시키지 않는다.

(Column)

화성과 관련된 단어가 많다?

D언어의 컴파일러를 개발하고 있는 회사 중에서 'Digital mars'가
유명하다.
회사명처럼 '화성'을 키워드로 이름을 붙인 것도 있어서 D언어의
표준 런타임 라이브러리는 'Phobos', C언어의 래퍼에는 'Deimos'
와 같은 이름이 붙여진 것도 있다(모두 화성의 위성의 이름).

**DIGITAL
MARS.**

기억해야 할 키워드

DUB

D언어 빌드 툴이며 패키지 관리 툴이기도 하다. 의존 관계를 자동적으로 취득하고, 용이하게 커스터마이즈 할 수 있도록 설계되어 있다. 풍부한 패키지를 간단하게 도입, 업데이트할 수 있다.

계약 프로그래밍

시스템 개발 현장에서는 사양서에 따라서 소스코드를 쓰지만, 사양서와 다르게 구현이 되어 있어도 처리가 실행되어 버린다.

계약 프로그래밍에서는 프로그램이 충족해야 할 사항을 소스코드 안에 기술해서 사양을 위반하면 예외 등을 생성하는 것으로 설계의 안정성을 높인다.

SafeD

C언어 등의 미정의 동작이나 포인터의 취급 등 안전성을 위협하는 부분을 배제하고 개발자가 쉽게 학습할 수 있도록 작성된 D언어의 부분 집합.

프로그래밍 예제 하노이의 탑(hanoi.d)

```d
import std.c.stdio;

/*
하노이의 탑
*/
void hanoi(int n, char from, char to, char via){
    if (n > 1){
        hanoi(n - 1, from, via, to);
        printf("%c -> %c\n", from, to);
        hanoi(n - 1, via, to, from);
    } else {
        printf("%c -> %c\n", from, to);
    }
}

int main() {
    int n;
    scanf("%d", &n);
    hanoi(n, 'a', 'b', 'c');

    return 0;
}
```

Dart _다트_

서버도 브라우저도 같은 언어!
JavaScript를 빠르게 하고 싶다면

탄생
2011년
만든 사람
Google
주요 용도
웹 브라우저, 웹 앱,
모바일 앱
분류
객체지향형/인터프리터 ·
트랜스파일러

JavaScript를 대체하는 것이 아니라 적재적소에 공존하는 것을
지향하고 있는 언어로 ECMA-408로서 표준화되어 있다.
CoffeeScript나 TypeScript와 마찬가지로 JavaScript로 변환하
는 것도 가능하지만 가상 VM에서 동작시킬 수 있는 것은 Dart뿐
으로 JavaScript보다도 빠르게 실행할 수 있는 것이 많다.
Google의 AdWords나 AdSense의 유저 인터페이스에도 사용되
고 있다.

모바일 앱도 개발 가능

Flutter라고 불리는 프레임워크를 사용
해서 Android와 iOS를 지원하는 크로
스 플랫폼 모바일 앱을 개발할 수 있다.

JavaScript로 변환

Dart로 만든 소스코드를
JavaScript(ECMAScript)로
변환한다.
DDC(Dart Dev Compiler)라
고 불리고 Google에서는 중
요한 프로젝트로 활발한 개발
이 진행되고 있다.

2개의 실행 모드

프로덕션 모드와 체크 모드가 존재해서
개발시에는 체크 모드를 사용해서 자료
형 체크 등을 할 수 있고, 릴리스 할 때
는 프로덕션 모드를 사용해서 고속으로
처리할 수 있다.

Column

NaCl

Google Native Client의 약어로, 화학의 염화 나트륨과 같은 표기
가 사용되고 있다.
웹 애플리케이션을 네이티브 애플리케이션 못지 않은 빠른 속도로
안전하게 실행하는 것을 목적으로 개발되고 있다. DartVM과 가까
운 사고방식이라고 할 수 있다.

기억해야 할 키워드

DartVM

브라우저에 Dart의 실행 환경(가상 머신)을 탑재하고 직접 Dart의 프로그램을 실행할 수 있도록 하는 노력은 무산되었지만 커맨드 라인 앱의 실행이나 서버 측에서의 실행은 가능.

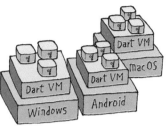

DartPad

브라우저 상에서 가볍게 Dart의 실행을 테스트 해볼 수 있는 개발 환경(https://dartpad.dartlang.org/). 샘플을 가볍게 테스트하는 것도 가능하다.

Pub 패키지 매니저

Dart에서 사용할 수 있는 풍부한 패키지를 관리할 수 있다. YAML 파일에서 설정을 기술하고, 커맨드 라인에서 인스톨, 업데이트할 수 있다.

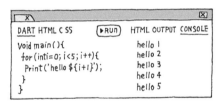

(프로그래밍 예제) **하노이의 탑(hanoi.dart)**

```dart
import 'dart:io';

/*
하노이의 탑
*/
void hanoi(n, from, to, via){
    if (n > 1){
        hanoi(n - 1, from, via, to);
        print(from + " -> " + to);
        hanoi(n - 1, via, to, from);
    } else {
        print(from + " -> " + to);
    }
}

void main(){
    var n = int.parse(stdin.readLineSync());
    hanoi(n, "a", "b", "c");
}
```

Elixir 엘릭서

탄생
2012년
만든 사람
José Valim
주요 용도
웹 앱
분류
함수형/인터프리터 ·
컴파일러

겉모습은 Ruby? 내용은 함수형!
우수한 병행 처리 성능을 가진 언어

Erlang의 VM 위에서 동작하는 Ruby 풍의 함수형 언어. 컴파일을 해서 Erlang의 실행 환경인 BEAM의 바이트코드를 출력한다. 그래서 Elixir에서 Erlang의 모듈을 호출하거나 그 반대의 경우도 오버헤드 없이 호출이 가능.
계속해서 새로운 버전이 등장하고 있기 때문에 언어 사양이 자주 변하고 있다.

경량의 프로세스에 의한 병행 처리

일반적으로는 스레드라고 불리지만 Elixir에서는 프로세스라고 불려 각각 분리해서 동작한다.
그래서 동일 네트워크 내의 다른 머신의 프로세스와 통신할 수 있을 뿐 아니라 프로세스마다 가비지 컬렉션을 실행할 수 있다.

할당과는 다른 패턴 매치

'=' 좌변(패턴)에 대해 우변(값)이 같아지도록 항목을 매치시킨다.
예를 들면
list = [1, 2, [3, 4, 5]]
[a, b, c] = list
처럼 하면 a와 1, b와 2, c와 [3, 4, 5]가 된다.
단순한 값이나 데이터 구조뿐 아니라 함수도 매치할 수 있다.

파이프 라인에서의 처리

파이프 연산자를 사용하는 것으로 어떤 식의 결과를 다른 식에 첫 번째 인수로서 입력할 수 있다.
이것에 의해서 함수를 호출할 때에 앞에서부터 처리의 순서대로 읽는 것이 가능해져 가독성이 높아진다.

Column

화장품으로 잘못 읽는다?[1]

텔레비전 광고 등에서 자주 보는 대기업 화장품 제조사의 스킨케어 상품과 스펠이 같다.
엔지니어라면 둘을 잘못 읽는 경우가 없었으면 한다. Elixir에는 불로불사나 만병통치약이라는 의미가 있다.

---

1 옮긴이 주_ ELIXIR는 시세이도라는 일본 유명 화장품 기업의 제품 이름이기도 합니다.

기억해야 할 키워드

Mix
프로젝트의 작성에서 컴파일, 테스트
까지 관리할 수 있는 빌드 툴. 의존 관
계를 관리하는 것도 가능해 원격으로
패키지를 받아 올 수 있다.

Phoenix
Elixir로 구현된 웹 애플리케이션 프레
임워크. 'Channel'이라는 실시간 쌍방
향 통신 기능을 갖추고 있다.

Ecto
Elixir의 공식 프로젝트로 데이터베이스를 랩
핑하는 객체 관계 맵퍼(Object-relational
mapper)에 해당하는 역할을 한다.
Phoenix 프레임워크와 같이 이용되는 경우
도 많다.

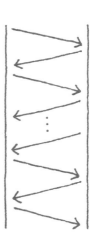

프로그래밍 예제 **하노이의 탑(hanoi.ex)**

```
# 하노이의 탑
defmodule Hanoi do
  def hanoi(1, from, to, _), do: IO.puts "#{from} -> #{to}"
  def hanoi(n, from, to, via) do
    hanoi(n - 1, from, via, to)
    IO.puts "#{from} -> #{to}"
    hanoi(n - 1, via, to, from)
  end
end

# 표준 입력에서 단수를 받아서 실행
n = String.to_integer(IO.gets "")
Hanoi.hanoi(n, "a", "b", "c")
```

Erlang _{얼랭}

병렬 처리가 장점이고 장애에 강하다!
정지시간이 짧아야 하는 업무에 최적

탄생
1986년
만든 사람
에릭슨[1]
주요 용도
웹 앱
분류
함수형/
인터프리터 · 컴파일러

(이 런 언어)

범용적인 용도로 사용할 수 있는 병행처리 지향의 프로
그래밍 언어 및 실행 환경.
개발한 애플리케이션은 'BEAM'(Erlang VM)이라고 불
리는 가상 머신 위에서 실행된다. 'Let It Crash'(충돌시
켜 두자)라는 Erlang에서의 에러 처리 방침을 나타낸
프레이즈가 유명하다.
변수명은 대문자, 함수명 등은 소문자로 시작한다는 특
징이 있고 변수에는 한 번만 할당할 수 있다.

1 옮긴이 주_ 에릭슨은 스웨덴의 통신
장비 제조사입니다. 1876년에 설립
되어 현존하는 통신업체로는 세계
에서 가장 오래된 기업입니다.

행위자 모델에 의한 제어

'모든 것은 행위자'라는 사고방식으로 행
위자 간의 비동기 메시지를 주고 받아서
처리를 한다.
메시지를 송신하면 결과를 기다릴 필요가
없기 때문에 멀티 코어 환경에서는 복수
의 CPU를 최대한 활용할 수 있다.

프로세스가 초경량

각각의 프로세스가 경량이기 때문
에 C10K 문제※에 대응할 수 있다
고 알려져 있다.

※10000 이상의 클라이언트가 서버
에 동시 접속하면 하드웨어 성능에
문제없어도 웹의 처리가 불가능한
상태가 된다고 알려져 있는 문제

핫 스와핑이 가능

가동 중인 시스템을 정지하는 일 없이
Erlang의 프로그램을 변경할 수 있다.
또 장애가 발생하면 충돌시키고 감시
프로세스(Supervisor)가 재가동되어 복
구시킨다.

(Column)

기호로 사용되는 불변 정수 '아톰'

알파벳 소문자로 시작하는 데이터는 상수가 되고 그 값 자체를 나
타낸다(불변 정수라고 한다). 그래서 변수명은 대문자 등으로 시작
해야 한다.

기억해야 할 키워드

Cowboy

Erlang용 소형, 고성능인 웹 서버. 루틴 기능을 가지고, Erlang에서 쓰여진 프로그램에 요청을 전달할 수 있다.
Linux나 FreeBSD, Windows나 macOS 등도 지원하고 있다.

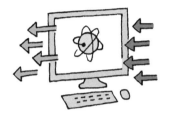

ETS와 Mnesia

언어 처리계에 포함된 데이터베이스 관리 시스템.
언어 안에서는 변수로 한 번 설정한 값은 갱신할 수 없지만 상태를 보존하기 위해서 데이터베이스와 같은 구조에 의해서 갱신을 허용하고 있다.

OTP

애플리케이션 개발을 지원하는 모듈이 모인 표준 라이브러리. 원래 개발을 전화 회사에서 시작했기 때문에 Open Telecom Platform이라는 이름이 붙어 있다.
경량 프로세스에 의한 범용적인 병렬/분산 처리가 가능.

프로그래밍 예제   하노이의 탑(hanoi.erl)

```erlang
-module(prog).
-export([main/0]).

% 하노이의 탑
main() ->
    N = read_num(),
    hanoi(N, "a", "b", "c").

read_num() ->
    case io:fread("", "~d") of
        eof -> 0;
        {ok, X} ->
            [Y] = X,
            Y
    end.

hanoi(1, From, To, _Via) -> io:format("~s -> ~s~n", [From, To]);
hanoi(N, From, To, Via) when N > 0 ->
    hanoi(N - 1, From, Via, To),
    io:format("~s -> ~s~n", [From, To]),
    hanoi(N - 1, Via, To, From).
```

F#
에프샵

2종류의 코드 표기법이 존재!?
.NET에서 동작하는 ML풍 함수형 언어

탄생
2005년
만든 사람
Microsoft
주요 용도
Windows 앱,
웹 앱
분류
절차형 · 함수형 ·
객체지향형/인터프리터 ·
컴파일러

(이 런 언 어)

Visual Studio에 표준 탑재되어 있고, C#이나 Visual
Basic과 같은 .NET Framework의 언어와 상호 운용
성이 있는 멀티패러다임 언어.
정적 타입핑의 함수형 언어인 'OCaml'에 강한 영향을
받아서 자료형 추론 등 함수형 특유의 기능을 활용할
수 있지만, 인덴트가 의미를 가진다는 특징이 있다.
병렬 처리나 비동기 처리에 대해서도 고려되어 있어
쉽게 구현할 수 있다.

Option형이 존재한다

값이 존재하지 않는 것을 명시해,
NullReferenceException 등의 예외가
발생하지 않는다.
None에 대한 대응을 자료형에 관련지
어 생각하도록 강제되기 때문에 null보
다도 안전하다고 할 수 있다.

대화형 환경이 있다

F#의 코드를 가볍게 시험
할 수 있는 대화형 환경 'F#
Interactive (fsi)'가 표준으로
준비되어 있어 Visual Studio
안에서 실행 가능.

자료형을 생략할 수 있다

대부분의 장소에서 자료형 추론이 동작하
기 때문에 소스코드 안에서 자료형을 쓸
필요가 없다. 덕분에 소스코드가 짧아져서
유지보수성의 향상을 기대할 수 있다.

(Column)

복수의 신택스

코드를 쓸 때 규칙으로 '신택스'가 있고, F#에서는 아래의 2종류의
신택스가 있다.
· Lightweight syntax(이쪽이 디폴트)
· Verbose syntax(ML 호환의 중복 구문)

Microsoft®
Visual F#

기억해야 할 키워드

FsCheck

테스트 케이스를 무작위로 자동 생성
해서 실행해주는 테스트 툴.
테스트에 실패한 경우 오류가 발생한
데이터를 출력할 수 있다.

자료형 확장(type extension)

이미 정의된 객체 자료형에 대해서
새로운 함수 등을 추가할 수 있다.
이로 인해 새로운 상속 클래스를 작성
할 필요가 없어져 효율적인 코딩이 가
능해진다.

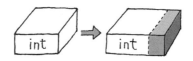

활성 패턴

입력된 데이터를 최대 7개의 파티션으로 분할해서. 각각
의 이름을 붙일 수 있다.
패턴 매치를 사용해서 그 이름과 매칭되는 것으로 데이
터의 구조와 판별 방법을 나누어 정리할 수 있다.

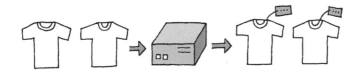

프로그래밍 예제 **하노이의 탑(hanoi.fs)**

```
open System

(*
하노이의 탑
*)
let rec hanoi n from to_ via =
    if n > 1 then
        hanoi (n - 1) from via to_
        printf "%c -> %c\n" from to_
        hanoi (n - 1) via to_ from
    else
        printf "%c -> %c\n" from to_

// 표준 입력에서 단수를 받아서 실행
let n = Console.ReadLine() in
hanoi (int n) 'a' 'b' 'c'
```

Factor. 팩터

함수에서 함수로 데이터를 전달한다!
BSD 라이선스의 연쇄성 언어

탄생
2003년
만든 사람
Slava Pestov
주요 용도
웹 앱, 게임 등
분류
명령형 · 함수형/인터프리터 · 컴파일러

(이런 언어)

게임용 스크립트 언어로 개발된 연쇄성 언어(Concatenative programming language).
다양한 OS에 맞춰서 작성되어 있어서 개발한 소스코드는 Factor가 이식되어 있는 다른 OS에서도 같은 내용으로 실행할 수 있다.
튜링 완전한 동적 타이핑 언어로 세대별 가비지 컬렉션이나 유닛 테스트 등의 기능도 갖추고 있다.

배포 툴 포함

컴파일을 해서 네이티브 코드를 생성할 수 있는 배포 툴이 포함되어 있다.
생성된 실행 파일만을 배포하는 것도 가능.

함수명은 하이픈을 사용한다

역 폴란드 표기법에 의한 스택 기반의 프로그래밍 언어이기 때문에 공백으로 구분해서 스택에 쌓는다.
이 때문에 이름을 하이픈으로 이을 수 있고 함수 이름은 'is-number'처럼 하이픈에 의한 '케밥 표기법(Kebab Case)'을 사용한다.

풍부한 샘플

라이브러리를 풍부하게 갖추고 있을 뿐 아니라 그것들을 사용한 샘플 코드가 Factor 디스트리뷰션에 포함되어 있다.
다운로드하면 많은 샘플을 보고 시험해 보는 것이 가능하다.

(Column)

다른 연쇄성 언어

연쇄성 언어는 심플한 문법을 가진 것이 많아 배우기 쉽다.
Factor 이외에도 'om'이나 'Joy', 'XY'나 'Kitten' 등이 있다.

기억해야 할 키워드

연쇄성 언어

인수를 함수에 적용하는 것이 아니라
스택 등에 쌓인 데이터의 뭉치를 순서
대로 처리한다.
데이터 뭉치를 복수의 함수 사이에 전
달해 처리를 실행한다.

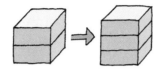

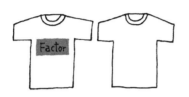

워드(word)와
쿼테이션(quotation)

word는 소스코드의 기본단위로 다른
언어에서 이름을 붙인 함수를 의미하고,
quotation은 익명함수를 의미한다.

Factor UI

개발 툴의 모음인 GUI의 실행 환경이
준비되어 있다.
프로그램의 입력, 실행뿐만 아니라 매
뉴얼의 표시나 유닛 테스트의 결과 등
도 확인할 수 있다.

프로그래밍 예제   하노이의 탑(hanoi.factor)

```
USING: formatting kernel locals math io math.parser ;
IN: hanoi

! 하노이의 탑
: move ( from to -- )
    "%s -> %s\n" printf ;

:: hanoi ( n from to via -- )
    n 1 > [
        n 1 - from via to hanoi
        from to move
        n 1 - via to from hanoi
    ]
    [ from to move ]
    if ;

readln string>number "a" "b" "c" hanoi
```

Fantom.

_{팬톰}

.Net이나 JVM, JavaScript 위에서 동작하는
순수한 객체지향 언어

탄생
2007년
만든 사람
Brian Frank／
Andy Frank
주요 용도
범용
분류
함수형 · 객체지향형/인터
프리터 · 컴파일러

이런 언어

Java나 C#과 유사한 기술 방식으로 Java VM이나 .Net
Framework(CLR), 브라우저 내의 JavaScript 등에서 실행할
수 있는 순수 객체지향형 언어.
Java VM과 .NET Framework(CLR)의 양쪽에서 모두 원활
하게 실행할 수 있는 소프트웨어를 목표로 개발되었다.
당시 'Fan'이라는 이름이었지만 검색되기 쉽도록 이름이 변경
되었다.

복수의 타이핑을 지원

정적 타이핑과 동적 타이핑 모두를 지원하므
로 자료형 추론도 가능하다.
동적 메소드 호출의 방법도 있고 '.'을 사용해
서 메소드를 호출하면 컴파일러에 의해서 자
료형 검사가 되지만, '->'을 사용해서 메소드
를 호출하면 덕 타이핑 할 수 있다.

직렬화가 가능

JSON과 같이 객체를 텍스트 형식으로
출력해서 네트워크 경유로 전달한 다음
에 입력으로 받는 것이 가능하다.
Fantom의 소스코드처럼 보이기 때문
에 사람도 이해하기 쉽다.

Java나 C#과의 미묘한 차이

Java나 C#과 비슷한 문법이지만, 자료
형 이름이 대문자로 시작하는 것이나
행말에 세미콜론이 필요 없는 부분 등
의 차이가 있다.

Column

덕 타이핑이란

'오리처럼 걷고 오리처럼 운다면 그것은 오리이다.'라는 사고방식.
Java와 같은 언어에서는 다른 클래스의 인터페이스에 대해서 공통
의 처리를 하고 싶은 경우는 같은 인터페이스를 구현할 필요가 있다.
한편 Ruby 등의 언어에서는 인터페이스를 구현하지 않아도 공통의
처리가 있으면 처리할 수 있다. Fantom에서는 두 방식 모두 구현이
가능하다.

기억해야 할 키워드

포드와 팬텀 셸

스크립트 파일로 실행하는 것도 가능하지
만, '포드(pod)'라고 불리는 컴파일을 마친
모듈을 작성할 수 있다.
또 대화형인 '팬텀 셸'을 사용해서 결과를
확인하면서 개발할 수도 있다.

Fantom WebApp

Fantom에 내장된 웹 서버가 있고
'WebMod'라고 불리는 모듈의 클래스
를 상속하는 것으로 서블릿처럼 사용
할 수 있다.

Fantom Widget Toolkit

데스크톱 앱을 쉽게 작성할 수 있는
표준 툴 킷. 윈도우나 라벨, 버튼과 같
은 클래스를 사용해서 레이아웃을 만
들 수 있다.

프로그래밍 예제   **하노이의 탑(hanoi.fan)**

```
// 하노이의 탑
class Hanoi {
  Void hanoi(Int n, Str from, Str to, Str via) {
    if (n > 1){
      hanoi(n - 1, from, via, to)
      echo(from + " -> " + to)
      hanoi(n - 1, via, to, from)
    } else {
      echo(from + " -> " + to)
    }
  }

  Void main(Str[] args) {
    n := Env.cur.in.readLine.toInt
    hanoi(n, "a", "b", "c")
  }
}
```

Forth.

포스

역 폴란드 표기법을 배우고
스택에 익숙해지는데 최적

탄생
1970년경
만든 사람
Charles H. Moore
주요 용도
**임베디드 계, 연구,
교육 등**
분류
**절차형 · 명령형/인터프리
터 · 컴파일러**

(이 런 언 어)

전자계산기를 구현할 때 자주 사용되는 '역 폴란드 표기법'으로
구현하는 언어. 많은 프로그래밍 언어로 '1+2'처럼 쓰는 처리를
Forth에서는 '12+'처럼 기술한다.
스택에서 설정한 내용을 순서대로 처리하기 위해서 모든 값에
대해서 형의 구별 없이 구현에 따라서는 어셈블러처럼 고속 처
리가 가능해진다.

사용 방법을 틀리면 위험

스택의 내용을 모두 조작할 수 있기 때
문에 컴퓨터가 어떻게 동작하고 있는지
아는 데는 편리하지만, 무엇이든 할 수
있기 때문에 위험하기도 하다.
기계어에 가깝고 가비지컬렉션 등의 기
능도 없다.

확장성이 뛰어나다

컴파일러의 동작까지도
프로그램 안에서 확장할
수 있다.

심플

스택의 조작뿐이기 때문에
기억할 것이 많지 않다.

(Column)

IT업계의 2명의 무어

IT업계에서 모르는 사람이 없을 '무어의 법칙'. 집적회로상의 트랜
지스터 수가 '18개월(=1.5년)마다 배가 된다'라는 의미이지만 이것
은 '고든 무어'에 의한 것.
이 Forth를 개발한 것은 '찰스 H. 무어'. 애칭으로 '척 무어'라고도
불린다.

기억해야 할 키워드

스택

기본적인 데이터 구조의 하나로
데이터를 후입선출(LIFO: Last In
First Out/FILO: First In Last Out)
의 구조로 보존하는 것.
주로 데이터를 보관하는 '푸쉬'와 데
이터를 꺼내는 '팝'의 두 가지의 처
리로 조작한다.

Mind

Forth에 영향을 받은 언어로 일본어
프로그래밍 언어인 'Mind'가 있다.
후위표기법인 Forth는 '2와 3을 더해
서 4를 곱한다'라고 생각하면 일본어
에 매우 가깝고 일본인에게는 배우기
쉬운 언어라고 할 수 있다.

역 폴란드 표기법

일반적인 수식의 표기에서는 연산자의 우선순
위를 생각하지 않으면 안 된다. 예를 들면 '2+3
×4'를 계산할 때, x를 +보다 먼저 처리하기 때
문에 순서를 바꿀 때는 괄호를 사용해서 '[2+3]
×4'처럼 기술한다.
역 폴란드 표기법은 연산자를 뒤에 두는 '후위
표기법'이고 앞에서 순서대로 처리할 수 있다.

$$2+3 \times 4 \Rightarrow 234 \ast +$$

프로그래밍 예제   하노이의 탑(hanoi.forth)

```
\ 하노이의 탑
: move ( to via from level -- to via from )
   dup >r 0> if
      rot swap r@ 1- recurse ( via to from )
      2dup . ." -> " . cr
      rot r@ 1- recurse      ( to from via )
      swap                   ( to via from )
   then
   r> drop ;

: hanoi ( to via from level -- )
   move drop drop drop ;

: countdown dup 1 - dup 1 > if recurse then ;

3 countdown depth hanoi
```

Fortran 포트란

탄생
1957년
만든 사람
John Warner Backus
주요 용도
과학기술 계산 등
분류
절차형/컴파일러

고수준 언어의 원조!
과학기술 계산에 특화한 언어

(이 런 언 어)

'FORmula TRANslation'의 약어로 수치 계산이나 시뮬레이션을 하는 프로그램을 작성하는데 적합하다.
각종 내장 함수나 복소수, 그리고 강력한 배열 조작 등 수치 계산에 편리한 기능이 미리 내장되어 있다.
다양한 버전의 컴파일러가 현재도 사용되고 있고, 과거의 자산도 많기 때문에 프로그램의 취급에 어려움을 겪고 있는 기업도 존재한다.

풍부한 계산 라이브러리

선형 대수의 수치연산을 행하는 LINPACK/LAPACK이나 고속 퓨리에 변환을 행하는 FFTPACK 등 많은 라이브러리 이용 가능.

$$f(x) = \frac{1}{\sqrt{2\pi\sigma}}$$
$$\exp\left(-\frac{(x-\mu)^2}{2\sigma^2}\right)$$

사상 최초의 고수준 언어

수식을 계산식으로 사람이 이해하기 쉽게 기술할 수 있는 등 고수준 언어로는 사상 최초로 개발된 언어.
작성했던 소스코드를 다른 환경에서도 이용 가능해서 이식성도 뛰어나다.

슈퍼 컴퓨터에서의 이용

과학기술 계산용의 언어이기 때문에 슈퍼 컴퓨터에서 자주 이용된다.
기후 변동이나 지진의 시뮬레이션 등 고도의 계산이 필요한 곳에서 아직도 사용되고 있다.

A FORTRAN Primer with Business Administration Exercises

(Column)

대문자의 FORTRAN

대문자로 FORTRAN이라고 표기한 경우 FORTRAN 77 이전의 FORTRAN을 가리키고, Fortran이라고 표기한 경우 Fortran 90이후를 가리키는 경우가 있다.

기억해야 할 키워드

HPF

High Performance Fortran의 약어로 병렬 프로그래밍을 할 수 있도록 Fortran을 확장한 것이다.
일반 개발자가 사용하는 것은 아니지만 지구 시뮬레이터 등에서 사용되고 있다.

GFortran

GNU Fortran의 약어로 GCC에 포함되어 있다. Fortran 95을 완전히 준수하고 있을 뿐만 아니라 Fortran 2003과 2008의 기능도 구현되어 있다.
참고로 ISO에 승인된 최신판은 Fortran 2008로, 2017년 7월 현재는 Fortran 2015의 책정이 진행되고 있다.

Co-array Fortran

Fortran 2008에서 표준 규격으로 채용된 병렬 프로그래밍의 언어. 모든 스레드가 비동기로 실행된다.

프로그래밍 예제 **하노이의 탑(hanoi.f)**

```fortran
! 하노이의 탑
program TEST
  integer:: n = 0
  character(len=1) :: a, b, c
  a = 'a'; b = 'b'; c = 'c'
  read*, n
  call hanoi(n, a, b, c)
  stop
end

recursive subroutine hanoi(n, from, to, via)
  integer, intent(in) :: n
  character(len=1), intent(in) :: from, to, via
  if ( n > 1 ) then
    call hanoi(n-1, from, via, to)
    print*, from, ' -> ', to
    call hanoi(n-1, via, to, from)
  else
    print*, from, ' -> ', to
  end if
end
```

Go.
고

처리 속도, 학습 용이성, 라이브러리……
밸런스를 갖춘 우등생

탄생
2009년
만든 사람
Google
주요 용도
웹 앱
분류
절차형 · 객체지향형/
컴파일러

이런 언어

언어 사양이 간단하고, 기억하기 쉽고, 고속으로 처리할 수
있어서 인기를 얻고 있다. Linux, macOS, Windows뿐만
아니라 iOS나 Android도 지원하고 있다.
'Go'라는 언어 이름만으로는 웹에서 검색해도 원하는 페이
지를 찾기 어려운 경우가 많아서 'Go언어'나 'Golang'이라
고 부르는 경우도 있다.
불필요한 것은 피하고 간단하게 만드는 것으로 품질이 좋
은 코드를 만든다는 철학으로 개발되고 있다.

코드 스타일이 통일되었다

소스코드 안의 괄호 위치를 각자의 방식
으로 쓰는 경우가 많지만 Go의 경우는 if
문 등에서 블록을 나타내는 중괄호를 새
로운 행에 쓰는 것 같은 사용법은 문법
오류가 된다. 또 삼항 연산자를 사용할 수
없는 등 스타일을 통일하기 쉽다.
'go fmt' 커맨드를 사용하면 표준 스타일
로 수정할 수 있다.

유닛 테스트를 표준으로
갖추고 있다

예전부터 존재하는 언어에서는
유닛 테스트를 하기 위해서 툴
이 별도로 필요한 경우가 많지
만 최신 언어인 Go에서는 표준
으로 포함되어 있다.
소스코드 안의 모든 경로를
테스트했는지 코드 커버리지를
조사하는 것도 가능하다.

쉬운 크로스 컴파일

Linux에서 Windows의 바이
너리를 만들 수 있고 Mac에
서 Linux의 바이너리를 만들
수 있는 등 컴파일 시의 실행
환경을 지정할 수 있다. 이 때
문에 프로그램의 배포가 쉬워
진다.

Column

특수한 객체지향

Go에는 클래스라는 개념은 없다. interface를 사용하지만 어떤 구
조로 인터페이스를 사용할지는 정의하지 않았다.
어떤 인터페이스로 정의된 메소드를 가진 자료형은 그 인터페이스
를 구현하고 있는 것으로 간주된다.

기억해야 할 키워드

Go 루틴

경량 스레드에 의한 병행처리를 위해 한 개의 프로세스 안에 대량으로 생성할 수 있다. 함수 호출 전에 'go'를 붙이는 것만으로 해당 함수를 비동기로 실행할 수 있다.

이것에 의해서 CPU에 맞춘 복수의 스레드에 할당되어 멀티 코어를 활용할 수 있다.

Docker

컨테이너형 가상화 소프트웨어. 고속으로 기동해 다양한 환경에 운반할 수 있어서 많은 개발 현장에서 사용되고 있다. Docker의 개발에도 Go가 사용되고 있다.

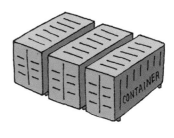

Go 커맨드

Go로 사용할 수 있는 패키지 다운로드나 인스톨, 소스코드의 빌드나 테스트 등을 실행할 수 있는 커맨드. 의존관계의 조사 등도 자동으로 실행할 수 있다.

프로그래밍 예제   하노이의 탑(hanoi.go)

```go
package main
import "fmt"

/*
하노이의 탑
*/
func hanoi(n int, from, to, via string) {
    if n > 1 {
        hanoi(n - 1, from, via, to)
        fmt.Println(from, " -> ", to)
        hanoi(n - 1, via, to, from)
    } else {
        fmt.Println(from, " -> ", to)
    }
}

func main(){
    // 표준 입력에서 단수를 받아서 실행
    var n int
    fmt.Scan(&n)
    hanoi(n, "a", "b", "c")
}
```

Groovy _{그루비}

탄생
2003년
만든 사람
Guillaume Laforge
주요 용도
데스크톱, 웹,
Android 앱
분류
객체지향형/인터프리터 ·
컴파일러

웹 앱을 단기간에 개발!
Java 위에서 동작하는 스크립트 언어

(이런 언어)

Java를 베이스로 한 언어. Java VM 위에서 동작하기 때문에 Java의 API나 라이브러리를 호출할 수 있다.
Java는 대규모의 프로그램에도 사용할 수 있고, 성능이나 안정성 등의 메리트가 있기 때문에 Java에 적합한 부분은 Java로 쓰고, 빠르게 쓰고 싶은 경우는 Groovy를 사용하는 것으로 생산성을 높일 수 있다.
단계적으로 Java에서 이행할 수 있는 경우도 있고, 일부만을 Groovy로 쓰는 방식도 가능하다.

Grails에 의한 웹 앱 개발

Groovy를 사용한 웹 애플리케이션 프레임워크. Java의 자산을 유효하게 활용할 수 있을 뿐만 아니라 Ruby on Rails와 비슷해서 생산성이 높다.

Java와 매우 비슷한 언어

기본적인 사고방식이나 문법은 Java와 같다. Java처럼 정적 타이핑도 가능하지만, 변수의 자료형 선언을 하지 않는 동적 타이핑도 가능하다.
행 마지막의 세미콜론이 필요 없는 등 스크립트 언어로서 쉽게 구현할 수 있도록 되어 있다.

편리한 Groovy 콘솔

작은 코드의 동작을 시험해볼 수 있는 GUI 애플리케이션. 화면 상부에 입력란이 있고 화면 하단에 실행한 결과가 표시되기 때문에 문법 학습 등에 최적.

(Column)

JRuby와의 차이

Java와 밀접하게 연결할 수 있는 구현으로 Ruby 인터프리터를 Java로 구현한 JRuby가 있다.
Groovy와 비슷한 사용이 가능하지만 Groovy 쪽이 Java의 표기법에 가깝다고 할 수 있다.

기억해야 할 키워드

GroovyMarkup

DOM과 같은 트리형 데이터 구조를 언어 기능으로 가지고 있어, XML이나 HTML 등의 형식을 지정하고 출력할 수 있다.

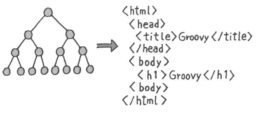

```
<html>
 <head>
  <title>Groovy</title>
 </head>
 <body>
  <h1>Groovy</h1>
 <body>
</html>
```

루즈 스테이트먼트

클래스와 연관되어 있지 않은 메소드로 다른 언어에서는 '최상위'이라고 불리는 경우도 많다.

루즈 스테이트먼트(loose statement)가 컴파일되면, 스크립트 자체가 클래스로 전개되어 함수 정의는 그 클래스의 메소드가 된다.

Gradle과 Gant

Gradle은 Android의 빌드 시스템으로 사용되고 있다. 또 Gant는 Ant의 빌드를 Groovy로 기술할 수 있기 때문에 유연성이 높다.

(프로그래밍 예제) **하노이의 탑(hanoi.groovy)**

```
/*
하노이의 탑
*/
class Hanoi{
    def exec(int n, String from, String to, String via){
        if (n > 1){
            exec(n - 1, from, via, to)
            println(from + " -> " + to)
            exec(n - 1, via, to, from)
        } else {
            println(from + " -> " + to)
        }
    }
}

// 표준 입력에서 단수를 받아서 실행
Scanner cin = new Scanner(System.in)
String n = cin.nextLine()
Hanoi h = new Hanoi()
h.exec(Integer.decode(n), "a", "b", "c")
```

Haskell _{하스켈}

탄생
1990년
만든 사람
Paul Hudak /
Philip Wadler 외
주요 용도
교육, 데스크톱 앱,
웹 앱
분류
함수형 /
인터프리터 · 컴파일러

범주론이나 함수형 프로그래밍에서는 피할 수 없는 순수한 함수형 언어

(이런 언어)

함수형 언어 중에서도 모든 식이나 함수가 부작용을 갖지 않는 '순수 함수형 언어'로 분류된다.
간결한 구문으로 쓸 수 있고, 분류된 람다 계산법이나 느긋한 계산법, 모나드 등의 특징이 있다.
수학의 '범주론'을 베이스로 개발된 언어여서 초보자에게는 진입 장벽이 높고 상급자용 언어라고 할 수 있다. Clojure나 Erlang처럼 경량의 스레드를 가지고 있어 병렬 처리도 가능.

부작용이 없다

'부작용을 직접 쓸 수 없는' 순수 함수형 언어. 무엇인가 처리를 실행할 때 같은 입력이라면 처리를 몇 번을 실행해도 같은 결과를 얻을 수 있다. 입출력 등은 참조 투명하지 않고 부작용이 있기 때문에 Haskell에서는 모나드를 사용하고 있다.

필요해지면 실행

평가하지 않으면 안 되는 값이 존재할 때, 그 값이 정말 필요해질 때까지 실제 계산을 하지 않는 '느긋한 계산법'의 방식이 있다.
요구된 것을 처리하기 위해 필요한 계산을 최소한으로 제한할 수 있다.

강력한 자료형 추론

함수의 데이터 형을 명시하지 않아도 처리계가 자동적으로 자료형을 추론한다.
예를 들면, a = 5 + 4라는 코드가 있을 경우, a가 숫자라면 Haskell에게 알려줄 필요가 없이 컴파일러가 알아서 자료형을 도출해낸다.

(Column)

모나드

부작용을 가지지 않는 함수형 언어에 있어서, 처리의 순번을 제어하는 것으로 상태 변경과 같은 부작용이 있는 처리를 실행하는 구조.
함수형 언어에서 구조적 프로그래밍처럼 순차 실행하는 프로그램의 작성에 유용하다.

》⚡Haskell

기억해야 할 키워드

가드

함수의 인수를 상수가 아니라 범주로 분류
하고 싶을 때 사용한다.
함수를 정의할 때, 인자의 구조로 분류할
경우는 '패턴'을 사용하지만, 인자의 값이
만족시키는 성질로 분류할 경우는 '가드'를
사용한다.

Hackage와 Cabal

Hackage는 커뮤니티에 의한 패키
지 아카이브로 오픈소스로 운용되고
있다.
Cabal은 Hackage에 있는 패키지
관리 시스템으로 Hackage에 있는
패키지의 도입·동기화 등이 가능.

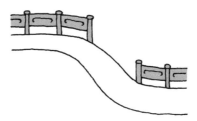

3 6 9 12 15 18 21
24
27
30 33 36 39 42
..

무한 리스트

무한하게 계속되는 리스트를 말한다.
예를 들면, 3의 배수의 무한 리스트는
'[3, 6, ...]'이라고 쓸 수 있다.
Haskell은 느슨한 계산법의 방식에
의해서 식에 무한 리스트가 포함되어
있어도 필요한 리스트만을 선택해서
해답을 얻을 수 있다.

프로그래밍 예제 **하노이의 탑(hanoi.hs)**

```
import Control.Applicative

{-
하노이의 탑
-}
hanoi :: Int -> String -> String -> String -> [String]
hanoi 1 from to via = [from ++ " -> " ++ to]
hanoi n from to via = r1 ++ r2 ++ r3
    where
        r1 = hanoi (n-1) from via to
        r2 = [from ++ " -> " ++ to]
        r3 = hanoi (n-1) via to from

-- 표준 입력에서 단수를 받아서 실행
main = do
    n <- read <$> getLine
    mapM_ print $ hanoi n "a" "b" "c"
```

Icon.
아이콘

Pascal과 문법이 비슷하고 텍스트 처리에 강하다!

탄생
1977년
만든 사람
Ralph Griswold
주요 용도
범용
분류
절차형/
인터프리터 · 컴파일러

(이런 언어)

문자열 처리가 장점으로 목표 지향 평가(goal-directed evaluation) 등의 특징을 갖추고 있는 고수준 언어.
'Icon'이라는 이름은 현재의 GUI가 등장하기 훨씬 전에 지어진 이름이라서 우리가 상상하는 아이콘 이미지는 아니다.
문자열 처리가 장점이지만 개발된 시대 배경 탓에 Unicode는 지원하지 않는다. 과거에는 컴파일러도 개발되었지만, 현재는 인터프리터만 지원되고 있다.

복소수의 연산이 가능

내장되어 있는 것은 아니지만, complex 라이브러리를 사용해서 복소수의 연산을 할 수 있다.

작은 처리에 최적

프로토타입을 만들거나, 아이디어를 간단히 시험하는데 가장 적합한 언어.
Perl이나 Python, Ruby 등의 스크립트 언어가 등장하기 이전에 비슷한 관점으로 개발되었다.

식은 제너레이터

일반적인 함수는 호출하면 1개의 값을 반환하지만, Icon에서는 식을 호출하면 복수의 값을 반환한다.
정수나 변수처럼 1개의 값을 반환하는 경우도 있지만 '1 to 5'를 실행하면 '1, 2, 3, 4, 5'를 반환한다.

(Column)

SNOBOL의 후계 언어

'문자열 지향의 기호 언어'를 의미하는 'StriNg Oriented symBOlic Language'의 약어.
문자열의 패턴에서 테이블을 작성하는 기능을 가지고 있어 많은 언어에 탑재되어 있는 '연관 배열'과 같은 것이 구현되어 있다.
Icon은 SNOBOL의 개발자가 만든 후계 언어이다.

www.cs.arizona.edu/icon

기억해야 할 키워드

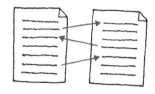

목표 지향 평가
(goal directed evaluation)

많은 언어가 실행의 흐름을 제어할 때 if나 while에서 참, 거짓 판정을 하는 것에 비해서, Icon에서는 평가가 성공하는지 하지 않는지로 식의 값이 결정된다. 제어구조를 진위 값에 의한 것에서 성공인지 실패인지에 의한 것으로 변경했다고 할 수 있다.

예를 들면 다중 루프 안에서 조건을 충족한 최초의 1건을 검색하는 프로그램을 만드는 경우, 일반적인 언어에서는 조건을 충족한 경우에 루프를 빠져나가는 처리를 기술한다. Icon에서는 목표를 기술하는 것으로 그 조건을 충족한 시점에 처리를 중지할 수 있다.

문자열 스캔

문자열을 검색하는 함수가 풍부하게 준비되어 있어 검색하고 싶은 내용에 따라서 골라서 사용할 수 있다.

Co-expression

보통 절차 호출은 호출될 때마다 처음부터 시작되지만 Co-expression의 기능을 사용하면 실행이 중단된 포인트에서 실행을 재개할 수 있다.

(프로그래밍 예제) **하노이의 탑(hanoi.icn)**

```
# 하노이의 탑
procedure main()
   n := read()
   hanoi(n, 'a', 'b', 'c')
end

procedure hanoi(n, from, to_, via)
   if n > 1 then {
      hanoi(n - 1, from, via, to_)
      write(from || " -> " || to_)
      hanoi(n - 1, via, to_, from)
   } else {
      write(from || " -> " || to_)
   }
end
```

Intercal ^{인터칼}

나중에 소스코드를 다시 볼 수 없다!
데이터 구조를 생각하지 않은 난해 언어

탄생
1972년
만든 사람
Donald R. Woods/
James M. Lyon
주요 용도
프로그래밍의 연습 등
분류
명령형/컴파일러

(이 런 언 어)

다른 주요 언어와 어떤 공통점도 가지고 있지 않는 컴파일 언어.
기억할 것은 많지 않지만 사람이 이해할 수 있는 소스코드를 쓰는 것은 어려운 난해 프로그래밍 언어라고 할 수 있다. 실행 속도는 느리지만 튜링 완전하다.

연산자에 우선순위가 없다

연산자는 특수한 비트 연산을 포함해서 5종류밖에 없고 우선순위가 없기 때문에 복수를 사용할 경우에는 그룹핑 마크를 사용해서 표시할 필요가 있다.
사용할 수 있는 그룹핑 마크는 '와 "로 일반적으로는 번갈아 사용한다.

※사용할 수 있는 연산자
$: interleave
~ : select
& : and(논리 AND)
V : or(논리 OR)
? : xor(논리 XOR)

GO TO 대신에 COME FROM

처리가 해당 행에 도달하면 호출한 행에 돌아온다.
프로그래머들이 GO TO를 싫어해서 만우절의 소재로 고안된 문법.

때때로 PLEASE를 사용한다

문장을 식별하기 위해서 'DO', 'PLEASE', 'PLEASE DO'를 사용한다. 모두 처리는 같지만 가끔 PLEASE를 사용하지 않으면 오류가 난다.

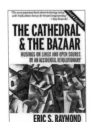

(Column)

이름의 유래

Fortran은 'Formula Translation', Prolog는 'Programming in Logic'과 같이 줄여서 이름을 붙였지만 Intercal은 이런 이니셜이 아닌 컴파일러 언어로써 이름 붙여진 이상한 언어.

기억해야 할 키워드

TriINTERCAL
비트 연산을 3진수로 확장해서 일반화한 것. AND, OR에 더해서 BUT라는 연산자도 추가되어 있다.

$$0 \quad 1 \quad 2 \quad 10 \quad 11 \quad 12 \quad 20 \quad 21 \quad 22 \quad 100 \quad 101 \quad 102 \quad 110 \quad 111 \cdots\cdots$$

Befunge
컴파일러의 작성이 곤란한 언어를 만들기 위해 개발된 난해 프로그래밍 언어의 하나. Intercal로 작성된 프로그램과의 링크가 지원되는 유일한 언어.

C-INTERCAL
'성당과 시장'을 쓴 에릭 레이먼드에 의해서 구현된 INTERCAL. COME FROM 등의 구현이 포함되어 있다.

(프 로 그 래 밍   예 제) 「Programming」과 출력(programming.i)

```
DO ,1 <- #12
PLEASE DO ,1 SUB #1 <- #246
DO ,1 SUB #2 <- #188
DO ,1 SUB #3 <- #88
DO ,1 SUB #4 <- #16
PLEASE DO ,1 SUB #5 <- #152
DO ,1 SUB #6 <- #200
DO ,1 SUB #7 <- #208
DO ,1 SUB #8 <- #0
PLEASE DO ,1 SUB #9 <- #32
DO ,1 SUB #10 <- #32
DO ,1 SUB #11 <- #144
DO ,1 SUB #12 <- #150
READ OUT ,1
PLEASE GIVE UP
```

Java _{자바}

탄생
1995년
만든 사람
Sun Microsystems
주요 용도
업무 시스템, Android 앱,
웹 앱
분류
절차형 · 객체지향형/
컴파일러

인기 순위 No.1!
하나의 바이트코드로 많은 환경을 지원

(이런 언어)

기업의 업무 시스템부터 Android 앱, 웹 앱까지 폭 넓게 사용되고 있는 언어.
대학 등 교육기관에서 프로그래밍 교육의 교재로 많이 사용되고 있고, 항상
인기 언어 순위의 상위에 올라있다.
지속적으로 새로운 기능이 도입되고 있어서
개발자 커뮤니티도 활성화되어 있다.

이용자 수가 많다

C언어 등의 문법과 닮았을 뿐 아
니라 라이브러리나 프레임워크,
서적 등의 자료도 풍부하기 때문
에 개발을 진행하기 쉽다.
객체지향형이어서 대규모 개발에
도 적합하기 때문에 많은 시스템
개발 분야에서 사용되고 있다.

메모리 관리의 자동화

포인터나 가비지 컬렉션의
취급이 C++ 등과 자주 비교
된다. 프로그래머가 생각해
야 할 부분이 적기 때문에 초
보자도 배우기 쉽다.

가상 머신에서 실행

컴파일에 의해서 중간 언어(바이
트코드)가 생성되고 이 바이트코
드를 Java 가상 머신(JVM)이 실
행하는 것으로 어떤 컴퓨터에서
든 동작하도록 설계되어 있다.

(Column)

JavaOne

매년 개최되고 있는 Java 개발자들을 위한 컨퍼런스. 참가자가 많
고 다양한 기술 분야에 대한 세션이 열린다. 5일간 약 500세션에
달하는 규모로 열리고 있는 이벤트는 다른 곳에서는 보기 어렵다.

기억해야 할 키워드

Write once, run anywhere.

한 번 코드를 쓰면, 어떤 환경에서든 동작한다. OS 등에 의존하지 않고 동일 바이트코드를 실행할 수 있다. 현장에서는 JVM의 호환성 등의 문제가 있지만 이식에 필요한 노력이 줄어들기 때문에 개발자의 부담이 적어진다.

애플릿

웹 브라우저에서 실행되는 프로그램. 2000년경에는 많이 사용되었지만, 동작이 시작되는데 시간이 걸리는 등의 문제점이 있어서 점점 사용되지 않게 되었다.

보안 문제로 웹 브라우저 이외에서의 접근은 엄격하게 제한되어 있다.

서블릿과 JSP

웹 서버 측에서 실행되는 Java 애플리케이션. 데이터의 처리를 주로 실행하는 서블릿과 표시를 주로 실행하는 JSP를 분리해서 유지보수성을 향상시키는 방법이 많다.

프로그래밍 예제 **하노이의 탑(hanoi.java)**

```java
import java.util.*;

/*
하노이의 탑
*/
class Hanoi{
  private void hanoi(int n, char from, char to, char via){
    if (n > 1){
      hanoi(n - 1, from, via, to);
      System.out.println(from + " -> " + to);
      hanoi(n - 1, via, to, from);
    } else {
      System.out.println(from + " -> " + to);
    }
  }

  public static void main(String args[]){
    // 표준 입력에서 단수를 받아서 실행
    Scanner cin = new Scanner(System.in);
    if (cin.hasNext()){
      int n = Integer.parseInt(cin.nextLine());
      Hanoi h = new Hanoi();
      h.hanoi(n, 'a', 'b', 'c');
    }
  }
}
```

JavaScript

자바스크립트

스크립트 언어의 영웅
상급자에서 웹 디자이너까지

탄생
1995년
만든 사람
Brendan Eich
주요 용도
웹 브라우저
분류
절차형 · 객체지향형/
인터프리터

이런 언어

다양한 환경에서 동작하는 스크립트 언어. 웹 브라우저에서 처리
에 사용되는 경우가 많지만, 최근에는 웹 서버 측의 앱뿐만 아니
라, 데스크톱 앱에서도 사용할 수 있게 되었다.
많은 실행 엔진이 존재하고 처리속도를 향상하기 위한 노력이
계속되고 있다. 텍스트 에디터와 웹 브라우저만 있으면 개발이
가능하기 때문에 환경을 갖추기가 편하고 쉽게 배울 수 있다.

동적으로 페이지를 변화시킨다

다이나믹 HTML에 의해서 동적으로 페
이지를 변화시킬 수 있다. 또 비동기 통
신을 하는 Ajax 방식으로 페이지 전환
없이 새로운 콘텐츠를 표현할 수 있다.
Google Map에서 사용되어 큰 관심을
모았다.

프로토타입 베이스

객체지향 개발에 있어서 정적인 구조인
클래스를 중심으로 하는 클래스 기반에
비해 기존의 객체의 복제에 의해서 새
로운 객체를 생성하는 방법.
JavaScript에서는 프로토타입 기반으
로 개발이 가능.

프레임워크가 충실

jQuery와 AngularJS, PrototypeJS 등
많은 프레임워크가 존재하고 편하게 구
현할 수 있는 환경이 갖추어지고 있다.
Node.js 등 서버 측에서 실행하는 방식
도 사용되고 있다.

Column

이름은 닮았지만…

Java와 이름이 비슷하기 때문에 초보자나 프로그래머가 아닌 일반
인들의 경우는 같은 언어라고 생각하는 경우가 많지만 전혀 관련이
없는 언어이다.
'멜론과 멜론빵 정도의 차이' 등 다양한 비유가 사용될 정도로 두
언어 간의 차이가 크다.

기억해야 할 키워드

AltJS

JavaScript에서는 프로토타입 기반의 객체지향이 사용되고 있는 것이나 자동 형변환 등을 싫어하는 사람이 많아, JavaScript를 대신해서 사용되고 있는 환경을 총칭해서 'AltJS'라고 불리고 있다.

TypeScript 등이 그 대표라고 할 수 있으며, JavaScript의 소스코드를 생성하는 것도 많다.

ECMAScript

브라우저마다 다른 사양을 통일하기 위한 목적으로 작성된 JavaScript의 표준화 사양.

모든 브라우저가 지원하는 데는 시간이 걸리겠지만 Babel이라는 툴을 사용해서 많은 브라우저에서 실행할 수 있게 변환하는 노력이 진행되고 있다.

JSON (JavaScript Object Notation)

텍스트 기반의 데이터 구조로 eval 함수로 평가해서 JavaScript 객체로 변환할 수 있다. XML 대신에 사용되는 경우가 많고, 많은 언어에서 지원하고 있다.

```
[
    {
        "id" : "001"
        "section" : "편집부"
        "name" : "철수"
    },
    {
        "id" : "002"
        "section" : "편집부"
        "name" : "영희"
    }
]
```

(프로그래밍 예제) **하노이의 탑(hanoi.js/SpiderMonkey판)**

```
/*
하노이의 탑
*/
function hanoi(n, from, to, via){
    if (n > 1){
        hanoi(n - 1, from, via, to);
        print(from + " -> " + to);
        hanoi(n - 1, via, to, from);
    } else {
        print(from + " -> " + to);
    }
}

// 표준 입력에서 단수를 받아서 실행
var n = readline()
hanoi(n, "a", "b", "c");
```

입출력 방법에 주의

Rhino나 SpiderMonky 등 사용하는 JavaScript에 의해서 입출력의 방법이 다르다.

Julia 줄리아

주목받는 과학기술 계산 언어!
MATLAB이나 R, Python 등을 대체할 수 있다

탄생	2012년
만든 사람	Jeff Bezanson／Stefan Karpinski／Viral B. Shah／Alan Edelman
주요 용도	과학기술 계산 외
분류	절차형 · 함수형/인터프리터 · 컴파일러

(이런 언어)

고수준, 고성능의 동적 프로그래밍 언어, 오픈소스인 C 및 Fortran 라이브러리도 포함되어 있다. 많은 언어의 좋은 점을 합친 언어로 읽기 쉬운 소스코드를 작성할 수 있다. 클라우드 컴퓨팅 등에서 병렬 · 분산처리 하는 것을 염두에 두고 만들어졌고, 과학계산 처리나 인공지능 등 고속 처리가 필요한 환경에서의 사용이 기대되는 스크립트 언어.

연쇄 비교가 가능

많은 언어에서는 복수의 비교를 하는 경우는 각각의 비교 결과를 AND 등으로 조합하는 경우가 많다.
Julia에서는 Python과 마찬가지로 연쇄비교를 아래처럼 사용할 수 있다.
예) a<b<c

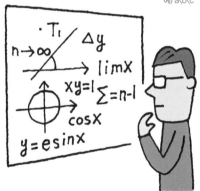

고속 스크립트 언어

스크립트 언어지만 LLVM에서 JIT 컴파일러에 의해 C언어 등의 컴파일러 언어에 필적하는 성능을 낼 수 있다.

자료형 승격

많은 언어에서는 자료형의 자동 변환이 있고 정수와 소수의 조합 등이 가능하다.
Julia에서는 자료형이 수형도(나무 가지 모양 그림)처럼 이어지지만 자동변환이 되지는 않고 convert와 promote라는 처리에 의해 합리적인 변환이 가능.

(Column)

LLVM IR을 확인할 수 있다

LLVM의 중간 표현인 'LLVM IR'. Julia에서는 @code_llvm 매크로를 실행하는 것으로 작성된 함수의 LLVM 중간 표현을 확인할 수 있다.

기억해야 할 키워드

Gadfly
Julia의 그래프를 그릴 수 있는 라이브러리.
쉽게 화려하거나 예쁜 차트를 만들 수 있고
SVG나 PNG, PostScript나 PDF 등으로 출
력할 수 있다.

메타 프로그래밍과 매크로
메타 프로그래밍을 사용하면, LISP처
럼 프로그램의 실행 중에 코드를 생성
하고, 생성된 코드를 실행할 수 있다.
매크로를 사용하면 식을 평가하지 않
고 식 그대로 전달할 수 있다.

JuliaBox
브라우저 상에서 실행할 수 있는 실행 환경.
커맨드 라인이 준비되어 있어 Julia뿐 아니
라 다른 언어도 실행할 수 있고, 사용하고
싶은 라이브러리의 추가도 가능. GitHub에
소스코드도 공개되어 있다.

(프로그래밍 예제) **하노이의 탑(hanoi.jl)**

```
# 하노이의 탑
function hanoi(n::Int, from::String, to::String, via::String)
  if n > 1
    hanoi(n - 1, from, via, to)
    println("$from -> $to")
    hanoi(n - 1, via, to, from)
  else
    println("$from -> $to")
  end
end

# 표준 입력에서 단수를 받아서 실행
n = parse(Int64, readline())
hanoi(n, "a", "b", "c")
```

Kotlin.
코틀린

Google이 만반의 준비를 하고 채택
Android 개발 언어로 널리 사용될 것으로 기대

탄생
2011년
만든 사람
Andrey Breslav／
Dmitry Jemerov
주요 용도
Android 앱
분류
객체지향형／
컴파일러 · 트랜스파일러

(이 런 언 어)

JetBrain이 중심이 되어 개발이 진행되고 있는 오픈소스의 프로그
래밍 언어.
Java VM 위에서 동작하는 애플리케이션을 개발할 수 있지만,
Java에서는 장황하게 표현되는 부분도 간결하게 기술할 수 있다.
또 NULL값 사용가능(Nullable)이나 NULL값 사용불가(NotNull)에
의해서 NULL 안전한 언어라는 특징을 가진다.
Android 앱의 개발 언어로 채택되어서 향후 개발자의 수가 큰 폭
으로 늘 것으로 예상되고 있다.

Java와 상호운용 가능

Java로 쓰여진 클래스를 계승하고
Kotlin에서 클래스를 쓰는 것도, 그 반
대도 가능하다.
Java의 프로젝트 안에서 일부만
Kotlin으로 개발하는 것도 가능하기
때문에 기존 프로젝트에도 채택 가능.

JavaScript로도 변형 가능

JavaScript를 Kotlin에서 생성할 수
있기 때문에 브라우저 안에서 실행하
는 처리도 Kotlin으로 기술할 수 있다.

기존 클래스의 확장이 가능

Java 등의 언어에서는 기존 클래스
는 확장하지 않고 계승에 의해서 기
능을 추가한다.
Kotlin에서는 확장 함수나 확장 프
로퍼티를 사용해서 계승할 수 없는
클래스여도 기능 확장이 가능.

(Column)

성황 중인 개발자 컨퍼런스

Google I/O에서 Android의 표준 언어로 Kotlin이 채택된 것이
발표되어 큰 화제가 되었다. 다른 기술의 경우에도 Microsoft의
de:code나 Build, Apple의 WWDC 등 개발자를 위한 컨퍼런스를
각 회사에서 개최하고 있고 최신의 기술 트렌드가 발표되고 있다.
WWDC에서 Swift가 발표되었던 기억은 아직도 선명하다.

기억해야 할 키워드

Try Kotlin
온라인 상에서 Kotlin을 체험해 볼 수
있는 실행 환경. 샘플이 있을 뿐 아니
라 Kotlin Konas라고 불리는 문제가
준비되어 있어 그 문제를 구현하는 것
으로 학습이 진행된다.
https://try.kotlinlang.org/

스마트 캐스트
사전에 is 연산자로 자료형을 체크해
두면, 이어지는 처리에서 명시적으로
캐스트 연산자를 사용할 필요가 없다.
```
예)fun len(x: Any) {
    if (x is String){
        print(x.length)
    }
}
```

IntelliJ IDEA
Kotlin을 개발한 JetBrains가 제공하고 있
는 통합 개발 환경.
Java를 중심으로 많은 프로그래밍 언어를
지원하고 있을 뿐 아니라, 플러그인으로 지
원되고 있는 언어도 있다.

(프로그래밍 예제) **하노이의 탑(hanoi.kt)**

```kotlin
import java.util.*

/*
하노이의 탑
*/
fun hanoi(n: Int, from: String, to: String, via: String){
    if (n > 1){
        hanoi(n - 1, from, via, to)
        println(from + " -> " + to)
        hanoi(n - 1, via, to, from)
    } else {
        println(from + " -> " + to)
    }
}

fun main(args: Array<String>) {
    // 표준 입력에서 단수를 받아서 실행
    val n = Scanner(System.'in')
    hanoi(n.next().toInt(), "a", "b", "c")
}
```

> **변수와 정수**
> 'val'로 선언하면 상수,
> 'var'로 선언하면 변수의 정
> 의가 된다. 자료형은 자동적
> 으로 추론된다.

LISP (Common Lisp) 리스프

리스트 처리가 장점인
함수형 언어의 원조

탄생
1984년
만든 사람
ANSI X3J13 위원회
주요 용도
인공지능, 교육
분류
절차형 · 함수형 ·
객체지향형/
인터프리터 · 컴파일러

이런 언어

LISt Processor의 약자로 리스트의 처리에 의해서 기능을 구현한다. 함수형 프로그래밍 언어의 원조라고 할 수 있다.
네임스페이스가 1개라서 함수와 변수로 구별이 없는 Lisp-1과 구별이 있는 Lisp-2의 두 가지로 분류되고, 여기서 언급하고 있는 Common Lisp은 Lisp-2에 해당한다.
과거의 인공지능 게임에는 기호 처리가 중심이 되어 리스트의 취급이 장점인 LISP이 많이 채용되었다.

많은 괄호

리스트의 요소를 괄호로 묶어서 표현하기 때문에 소스코드 안에 괄호가 대량으로 출현한다.

방언이 많다

개발된 후 오랜 기간 동안 사용되고 있을 뿐 아니라 교육용으로 편리하기 때문에 많은 방언이 개발되었다.
이 때문에 표준화가 필요하게 되고, 많이 사용되고 있는 것 중 하나로 Common Lisp이 있다.

최초의 객체지향 언어

CLOS(Common Lisp Object System)는 공식 표준화된 최초의 객체지향형으로 알려져 있다. 다중계승을 서포트하고 복수의 클래스에 소속되는 '멀티 메소드'를 특징으로 들 수 있다.

GNU Emacs Manual

Fifteenth Edition for GNU Emacs Version 22
by Richard M. Stallman

Column

Emacs Lisp

텍스트 에디터로 많은 팬을 가지고 있는 Emacs.
그 특징으로 Emacs Lisp에 의한 확장이 있다. 에디터의 설정을 변경할 뿐만 아니라 본격적인 프로그래밍도 가능하기 때문에 패키지의 개발 등도 이루어지고 있다.

기억해야 할 키워드

폴란드 표기법

연산자를 비연산자의 앞에 기술하기 때문에
전위 표기법이라고도 불린다. '1+2'를 계산할
경우는 '+1 2'처럼 기술한다.
LISP에서는 연산자도 함수로 여겨지기 때문
에 앞에 함수 이름을 쓴다.

S-표현식

주로 LISP에서 사용되고 있는 2진 트리나
리스트 구조의 기술 방식. 수치나 문자열
등의 '아톰'과 아톰 이외의 '리스트'로 구
성되고 트리 구조를 괄호로 표현한다.

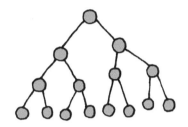

car와 cdr

리스트에서 최초의 요소를 빼내는 것이 'car', 최초
의 요소 이외를 꺼내는 것이 'cdr'이다.
즉 '(a b c d)'라는 리스트에서 c를 꺼내기 위해서
는 '(car (cdr (cdr '(a b c d))))'를 실행하면 된다.

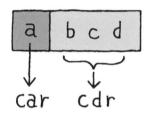

(프로그래밍 예제) **하노이의 탑(hanoi.lisp)**

```
; 하노이의 탑
(defun hanoi (n from to via)
  (cond ((> n 1)
         (hanoi (1- n) from via to)
         (format t "~A -> ~A~1%" from to)
         (hanoi (1- n) via to from))
        (t
         (format t "~A -> ~A~1%" from to)))))

; 표준 입력에서 단수를 받아서 실행
(hanoi (read nil nil) 'a 'b 'c)
```

Lua 루아

게임 등에 삽입해서 실행!
내부 처리로 기능을 확장할 수 있다.

탄생
1993년
만든 사람
Tecgraf
주요 용도
게임, 임베디드, 교육 등
분류
절차형 · 함수형 ·
객체지향형/인터프리터 ·
컴파일러

이런 언어

빠른 속도의 동작과 높은 이식성, 삽입해서 사용하기
쉬운 점이 특징이다.
소규모 프로그램의 개발이나 대규모 프로그램의 일부
로 삽입하는 것을 전제로 설계되어 있다.
JavaScript와 같은 프로토타입의 객체지향을 갖추고
있어 게임 개발자가 이벤트 스크립트 등의 내부 처리
에 이용하는 언어로 사용되는 경우가 많다.

정수형이 존재하지 않았다

정수와 부동소수점수의 구별이 없
고, Number라는 1개의 자료형으로
처리하고 있었다.
최근의 CPU는 정수연산과 비슷한
정도의 고속으로 부동소수점 계산
을 할 수 있다는 것이 배경이었지만
Lua 5.3에서 정수형이 도입되었다.

글루 언어로서의 측면

'접착제'라는 의미로 필요한 기능
을 그 언어로 구현하기보다는 이미
존재하는 다른 언어의 처리를 조합
해서 구현하는 것을 중시한다.
Lua는 다른 언어와의 인터페이스
가 충실해서 쉽게 구현할 수 있다.

제품의 일부로써 사용된다

게임 등의 내부 스크립트로 삽입되거나
소프트웨어의 기능을 확장하기 위해서
사용되는 경우가 많다.
MIT 라이선스로 배포되고 있어 상용 제
품에서도 안심하고 사용할 수 있다.

Column

이런 곳에서 사용되고 있다

블록 등을 배치하는 게임인 'Minecraft'에서는 'ComputerCraft'를 도
입해서 Lua에 의한 프로그래밍이 가능하다.
또 야마하의 음성 합성 기술 'VOCALOID'에서는 플로그인에 Lua를
사용할 수 있고, 야마하의 네트워크 기기에서도 Lua를 사용해서 설계
할 수 있다.

기억해야 할 키워드

LuaJIT

Lua의 JIT 컴파일러. Lua는 스크립트로
실행해도 속도가 빠르지만, JIT 컴파일을
하면 더욱 빠른 속도로 실행할 수 있다.

coroutine

함수의 실행 도중에 중단하고 재개시
킬 수 있는 구조.
서브루틴의 경우 실행하면 도중에 처
리를 정지시킬 수 없지만, coroutine
를 사용하는 것으로 병렬 처리하고
있는 것처럼 보이게 할 수 있다.

Wireshark

네트워크의 패킷 캡쳐, 해석을 하는
소프트웨어. 사용자 고유의 프로토콜
해석을 하기 위한 플러그인의 개발 언
어로 Lua를 사용한다.

프로그래밍 예제 | **하노이의 탑(hanoi.lua)**

```lua
--[[
하노이의 탑
]]
function hanoi(n, from, to, via)
  if n > 1 then
    hanoi(n - 1, from, via, to)
    print(from .. " -> " .. to)
    hanoi(n - 1, via, to, from)
  else
    print(from .. " -> " .. to)
  end
end

-- 표준 입력에서 단수를 받아서 실행
n = tonumber(io.read())
hanoi(n, "a", "b", "c")
```

Nemerle ^{네멀}

탄생
2011년
만든 사람
Kamil Skalski 외
주요 용도
Windows 앱, 웹 앱
분류
절차형 · 함수형 · 객체지
향형/컴파일러

.NET의 멀티 패러다임 언어로
컴파일 시에 다양한 처리가 가능

이런 언어

C#과 닮았지만 F#처럼 함수형 언어의 특징도 가지고 있는 멀티 패
러다임 언어.

.NET Framework로 동작하기 때문에 라이브러리를 C#이나 F#과
같은 방식으로 사용할 수 있을 뿐만 아니라 ASP.NET에 직접 삽입
해서 실행하는 것도 가능하다.

자료형 추론에 의해서 자료형의 지정을 생략할 수 있는 경우도 많
다. LISP의 매크로와 비슷한 구조를 가진 매크로 기능이 있다.

Visual Studio에서 개발 가능

.NET Framework의 애플리케이
션을 개발할 수 있고 구문 강조나
디버그도 가능하게 되어 있다.

매크로에 의한
유연한 메타 프로그래밍

낱말 분석 매크로를 이용해서
언어에 새로운 구문을 도입할
수 있다.

컴파일 시에 프로그램 중의 코
드를 생성 · 해석 · 편집하는 것
으로 가능해진다.

두 가지 형변환

컴파일 시에 자료형이 체크되
는 엄격한 형변환과 실행 시에
체크되는 일반적인 형변환 두
가지의 방식으로 쓸 수 있다.

컴파일 시에 실패하면 컴파일
에러지만, 실행 시의 경우는 예
외를 처리한다.

Column

PEG(Parsing Expression Grammar)

배커스–나우르 표기법에 따른 문맥 자유문법과는 다르게 애매함이
존재하지 않는 형식문법. Nemeler에서는 PEG 표기법을 채용하는
것으로 빠른 속도로 구문 해석을 구현하고 있다.

기억해야 할 키워드

엄격한 계산법과 느긋한 계산법

Nemerle은 리스트에 대해서 엄격한 계산법뿐만 아니라 느긋한 계산법도 가능하다. 느긋한 계산법을 행할 경우에는 'lazy'를 추가한다.

Mono

UNIX 환경용으로 개발되어 있는 .NET Framework의 호환 프로젝트. Nemerle에서 개발된 애플리케이션을 UNIX 환경에도 실행할 수 있다.

break와 continue가 없다

루프에서 break와 continue는 goto에 해당하는 구문이기 때문에 Nemerle에는 존재하지 않는다. 대신 로컬 함수에 의한 제어를 주로 사용한다.
break 등을 사용하고 싶은 경우는 Nemerle. Imperative 네임스페이스를 임포트할 필요가 있다.

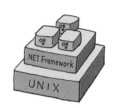

프로그래밍 예제 **하노이의 탑(hanoi.n)**

```
using System;

public class Hanoi
{ // 하노이의 탑
  public Exec(n: int, from: string, to: string, via:string) : void
  {
    if (n > 1)
    {
      Exec(n - 1, from, via, to);
      System.Console.WriteLine(from + " -> " + to);
      Exec(n - 1, via, to, from);
    }
    else
    {
      System.Console.WriteLine(from + " -> " + to);
    }
  }
  public static Main() : void
  {
    def n: int = int.Parse(System.Console.ReadLine());
    def h: Hanoi = Hanoi();
    h.Exec(n, "a", "b", "c");
  }
}
```

Nice

객체지향형의 연구로 탄생!
Java를 확장해서 사용할 수 있는 언어

탄생
2003년
만든 사람
Daniel Bonniot
주요 용도
범용
분류
함수형 · 객체지향형/컴파
일러

이런 언어

Java의 확장이라고 생각할 수 있는 객체지향 언어.
Nice 컴파일러는 Java 바이트코드를 생성하기 때문에 Java의
프로그램에서 호출하는 것이 가능. 또 기존의 Java의 라이브러
리를 Nice의 프로그램에서 직접 사용할 수 있다.
Java 1.4에서 도입된 어서션(assertion) 등의 기능도 가지고 있
어 계약 프로그래밍이 가능하다.

클래스 간의 캐스트가 불필요

instanceof 연산자나 if문에 의해 처리
의 실행 전에 해당 자료형과 호환성이
있는 것을 명시적으로 판단하기 때문에
클래스 간의 캐스트는 필요가 없어진다.

메소드를 기존 클래스에
추가 가능

메소드를 클래스의 밖에서 정의할
수 있는 '멀티 메소드'의 기능을
가지고 있어서 기존의 클래스의
소스코드를 변경하지 않고 클래스
에 메소드를 추가할 수 있다.

컴파일 시 에러를 검출

NULL 포인터의 액세스나 클래스
의 캐스트 시에 발생하는 예외 등
을 컴파일 시에 체크할 수 있기 때
문에 안전성이 높아진다.

Column

개발은 중지 상태

이미 10년 이상 개발이 중지되어 있다. 현재는 Java가 점점 진화하고
있기 때문에 Nice를 사용하는 메리트는 별로 없다고 할 수 있다.

기억해야 할 키워드

파라메트릭 타입

다른 언어에서 제네릭 프로그래밍이
나 C++의 템플릿과 같은 것. 자료형
을 지정하지 않고 리스트나 해시 등을
사용하는 처리를, 구현할 수 있다.

로컬 메소드

메소드 안에서만 사용할 수 있는
다른 메소드를 정의할 수 있다.
로컬 메소드에서는 부모 메소드
안에 있는 변수에도 접근할 수 있다.

NiceSwing

GUI 애플리케이션을 Nice로 작성할
때 Java의 Swing 라이브러리를 사용
하기 위한 라이브러리.
Swing에 클래스를 추가하는 일 없이
적은 코드로 작성할 수 있다.

[프로그래밍 예제] **하노이의 탑(hanoi.nice)**

```
// 하노이의 탑
void hanoi(int n, String from, String to, String via){
  if (n > 1){
    hanoi(n - 1, from, via, to);
    System.out.println(from + " -> " + to);
    hanoi(n - 1, via, to, from);
  } else {
    System.out.println(from + " -> " + to);
  }
}

void main (String[] args)
{
  // 표준 입력에서 단수를 받아서 실행
  let io = new java.io.InputStreamReader(System.in);
  let r = new java.io.BufferedReader(io);
  String s = notNull(r.readLine());
  hanoi(Integer.parseInt(s), "a", "b", "c");
}
```

Nim.
님

쓰기 쉽게 최적화된 코드와
고속 처리가 매력 포인트!

탄생
2008년
만든 사람
Andreas Rumpf
주요 용도
범용
분류
절차형 · 함수형 · 객체지
향형/컴파일러

(이 런 언 어)

C언어 못지 않게 빠른 처리를 하는 언어. 네이티브 코드에 추가
해서 C나 JavaScript의 소스코드를 출력할 수 있다.
현시점에서는 Version 1.0의 릴리스를 위해서 개발이 진행되고
있는 단계이기 때문에 관련 자료가 적지만, 간단한 기술로 빠른
처리가 가능하기 때문에 지명도가 올라가고 더 널리 쓰일 것으
로 기대된다.

네이티브 코드를 출력

가상 머신에 의존하지 않는 네이티
브 코드를 출력할 수 있기 때문에
빠른 속도의 처리가 가능.
또 최적화된 C언어의 코드를 출력
할 수 있고, 그 코드를 C언어의 컴
파일러로 컴파일 할 수 있다.

탭이 금지되어 있다

소스코드의 인덴트에 스페이스나
탭을 사용하는 것이 일반적이지
만, 툴이나 에디터에 따라서 다른
방식으로 취급되기 때문에 Nim
에서는 탭이 금지되어 있다.

컴파일 시의
메타 프로그래밍 기능

템플릿과 매크로에 의해서 컴파
일 시에 코드를 변경할 수 있다.
이것에 의해서 리스트 컴프리헨
션을 Nim에 추가하는 등 새로운
구문을 정의할 수 있다.

(Column)

처리 속도로 언어를 비교한다?

언어를 비교할 때, 사용하기 쉬운 정도나 가독성, 라이브러리의 풍부함뿐만
아니라 처리 속도가 기준으로 사용되는 경우가 있다.
컴파일에 걸리는 시간, 최적화의 유무 등을 포함시켜, 다양한 지표가 사용되
고 있고 최근의 속도 기준에서는 Nim의 처리 속도가 자주 거론된다.

기억해야 할 키워드

Nimble

Nim에 표준으로 번들되어 있는 패키지 매니저. Nim 모듈을 다운로드, 인스톨하거나 패키지를 작성할 수 있다. 의존성도 자동으로 관리할 수 있다.

NimScript

Nim의 서브셋으로 Nim의 가상 머신에서 평가를 실시한다.

Nimble의 설정 파일로도 사용되고 있고 빌드나 테스트와 같은 태스크를 실행할 수 있다.

c2nim

C언어의 소스코드에서 Nim의 소스코드로 변경하는 툴. 몇 개 정도는 지원되지 않은 처리도 있지만, 사람이 수정할 수 있도록 읽기 쉬운 Nim의 소스코드를 출력한다.

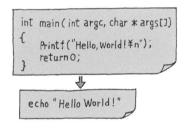

프로그래밍 예제 **하노이의 탑(hanoi.nim)**

```
from strutils import parseInt

# 하노이의 탑
proc hanoi(n: int, froms: string, to: string, via: string) =
  if n > 1:
    hanoi(n - 1, froms, via, to)
    echo froms, " -> ", to
    hanoi(n - 1, via, to, froms)
  else:
    echo froms, " -> ", to

# 표준 입력에서 단수를 받아서 실행
var n = parseInt(readLine(stdin))
hanoi(n, "a", "b", "c")
```

Objective-C

오브젝티브 씨

Apple의 선택!
iOS/macOS의 개발 언어

탄생
1983년
만든 사람
Brad Cox／Tom Love
주요 용도
iOS 및 macOS의 앱
분류
절차형 · 객체지향형/
컴파일러

(이 런 언 어)

주로 iOS나 macOS의 애플리케이션에 사용되는 언어.
C언어에 객체지향형을 '특수한 처리'로 확장하고 있다.
따라서 소스코드에 특별한 표기가 등장하지만 C언어를
그대로 사용할 수도 있다.
멤버 함수의 주소 등이 컴파일 · 링크 시가 아니라 실행
시에 결정된다는 특징이 있어 클래스의 확장 등 스크립
트 언어와 같은 유연성이 있다.
다만 현재는 iOS 및 macOS의 개발 언어가 'Swift'로 바
뀌고 있다.

클래스 메소드와
인스턴스 메소드

메소드 명 앞에 '–'을 추가하면 인스턴
스를 생성해서 사용하는 인스턴스 메소
드, '+'를 추가하면 인스턴스 생성이 불
필요한 클래스 메소드가 된다.

@으로 시작하는
컴파일러 디렉티브

클래스의 선언이나 접근 제어자
등에 예약어와 구문이 아닌 컴파
일러 지시문을 사용한다.
Objective-C 특유의 처리에서
'@ interface' '@ end'와 같이
@ 마크로 시작된다.

Smalltalk와의 융합

Smalltalk에서 유래된 '메시지 송신'
을 사용해서 객체를 조작한다.
'프로토콜'로 불리는 방법으로 메시
지의 교환을 정의할 수 있고, Java
등의 인터페이스에 해당한다.

(Column)

UML[1]과의 표기의 차이

UML에서 클래스 다이어그램을 작성할 경우 속성이나 조작의 앞에 '+'와 '–'를 붙이면 각각
public과 private를 나타낸다.
한편, Objective-C에서는 클래스 메소드와 인스턴스 메소드를 나타내기 때문에 주의가 필요.

---

1 옮긴이 주_ UML은 소프트웨어 공학에서 사용되는 표준화된 범용 모델링 언어입니다. 객체지향 소프트웨어
집약 시스템을 개발할 때 산출물을 명세화, 시각화, 문서화 할 때 사용됩니다.

기억해야 할 키워드

Xcode

macOS 상의 통합 개발 환경. Mac App
Store에서 무료로 다운로드할 수 있고
Objective-C뿐만 아니라 Swift나 Java,
AppleScript 등의 컴파일이 가능.

NS

1980년대 후반부터 1990년대 전반에 사용
된 NeXT라는 컴퓨터의 개발에 사용된 OS
인 'NeXTSTEP'의 약어.

Next computer는 Apple을 퇴사한
스티브 잡스가 창업했던 회사로 지금
도 macOS는 이 흐름을 이어받고 있고,
많은 클래스의 슈퍼 클래스인 NSObject
등 'NS'라는 문자가 자주 등장한다.

Cocoa

macOS용인 애플리케이션을 개발할
때에 사용되는 프레임워크. iOS용인
앱 개발에 사용되는 'Cocoa Touch'
도 있고 모두 Xcode를 사용해서 개발
을 한다.

프로그래밍 예제 **하노이의 탑(hanoi.m)**

```
#import <Foundation/Foundation.h>

/* 하노이의 탑*/
@interface Hanoi : NSObject
- (void)hanoi: (int)n from: (char)from to: (char)to via: (char)via;
@end

@implementation Hanoi
- (void)hanoi: (int)n from: (char)from to: (char)to via: (char)via {
  if (n > 1) {
    [self hanoi: n - 1 from: from to: via via: to];
    printf("%c -> %c\n", from, to);
    [self hanoi: n - 1 from: via to: to via: from];
  } else {
    printf("%c -> %c\n", from, to);
  }
}

int main() {
  id h = [[Hanoi alloc] init];
  int n;
  scanf("%d", &n);
  [h hanoi: n from: 'a' to: 'b' via: 'c'];
  return 0;
}
@end
```

OCaml 오카멜

인증 기술용 메타 언어에서 발전!
금융업계에서 사용되는 언어

탄생
1996년
만든 사람
INRIA(프랑스의 국립정보
학 자동제어 연구소)
주요 용도
금융계 등
분류
절차형·함수형·객체지
향형/인터프리터·컴파일
러

(이런 언어)

객체지향형을 도입한 함수형 언어. 다형성, 구조적 서브타
이핑 등 편리한 기능을 풍부하게 갖추고 있다.
OCaml은 자료형을 엄격하게 구분하고 있지만, 자료형
추론 때문에 프로그래머가 자료형을 지정할 필요는 거의
없다. 컴파일 시에 정적 자료형 검사를 하는 것으로 많은
에러를 검출할 수 있을 뿐 아니라 빠른 속도로 동작한다.

자동 형변환이 되지 않는다

정수의 곱셈과 소수의 곱셈은 연산자가
달라('*'과 '*.' 등) 자동 형변환이 되지 않
는다. 이 때문에 자료형을 의식한 프로그
래밍이 이루어져 신뢰성이 높아진다.

네이티브 코드와
바이트코드

네이티브 코드를 생성하는 컴파일
러와 바이트코드를 생성하는 컴파
일러가 존재한다.
빠른 속도의 처리가 필요한 경우는
네이티브 코드의 컴파일러를 사용
한다.

int형이 31비트

32비트의 환경에서는 31비트,
64비트의 환경에서는 63비트의
범위의 부호를 갖는 정수를 취
급할 수 있다. 1비트는 가비지 컬
렉션이 사용하고 있다.

(Column)

눈에 보이지 않는 유령형?

Phantom Type이라고도 불려서 변수 등의 자료형에 제약을 두고
컴파일 시에 검사를 하는 자료형을 말한다.
겉 보기에는 제약이 나타나지 않기 때문에 'Phantom Type'이라고
불리고 실행 전에 검사할 수 있기 때문에 프로그램의 안전성이 높
아지는 것을 기대할 수 있다.

기억해야 할 키워드

펑터(functor)

Ocaml에서는 모듈 단위의 분할 컴파일이 가능하고 인수로 모듈을 받고 그것을 사용해서 새로운 모듈을 생성할 수 있다.
펑터를 사용하는 것으로 컴파일 시에 자료형의 에러를 검출할 수 있다.

ML

컴퓨터 사이언스의 노벨상이라고 불리우는 튜링상을 수상한 로빈 밀너에 의해서 설계·개발된 함수형 언어.
ML의 방언 중 하나가 OCaml으로 객체지향형의 요소를 담고 있다.

함수의 다형성

1개의 함수 정의로 OCaml의 자료형이면 어떤 것이든 대응할 수 있는 함수.
C++의 템플릿과 같은 역할을 하고 자료형 검사가 엄격한 OCaml에서도 유연한 프로그래밍이 가능하다.

(프 로 그 래 밍 예 제) **하노이의 탑(hanoi.ml)**

```
(* 하노이의 탑*)
let rec hanoi n from to_ via =
  if n = 1 then
    print_endline(from ^ " -> " ^ to_)
  else
    begin
      hanoi (n - 1) from via to_;
      print_endline(from ^ " -> " ^ to_);
      hanoi (n - 1) via to_ from;
    end;;

(* 표준 입력에서 단수를 받아서 실행 *)
let n = read_int() in

hanoi n "a" "b" "c"
```

Octave 옥타브

MATLAB과 상호성을 중시하는
수치계산용의 대화형 언어

탄생
1993년
만든 사람
John W. Eaton
주요 용도
수치계산, 연구개발
분류
절차형 · 객체지향형/
인터프리터

(이 런 언 어)

커맨드 라인에서 수식을 다루는 계산기로서의 사용법뿐 아니라
gnuplot과 연계해서 그래프 등으로 표현할 수 있다.
대화형 셸 화면에서 입력하는 것도 가능하지만, 스크립트로써
실행하는 것도 가능하다.
다른 언어와 연계도 의식하고 있어서, 처리 속도가 필요한 경우
는 C언어 등으로 구현한 함수를 호출하는 것도 가능하다.

사용하기 쉬운 커서 조작

행 편집을 할 때 커맨드 라인 작업
으로 Emacs와 vi 같은 이동 명령
을 사용할 수 있다.
커맨드 이력도 저장할 수 있기 때
문에 비슷한 처리를 수행하는 경우
에는 편리.

GUI에 의한 조작

Octave 4.0부터 GUI가 디폴트
여서, OpenGL을 사용한 그래
픽을 표현할 수 있게 되었다.

수치계산이 장점

벡터나 행렬의 연산, 미분과 적
분 등 수식 취급 및 처리가 매
우 우수하며, 과학 기술 계산용
함수도 풍부하게 갖추고 있다.
Fortran을 학습하지 않아도 수
치계산을 할 수 있도록 설계되
었다.

(Column)

논문 작성에 필수인 LaTeX와 gnuplot

대학 등에서 논문을 작성할 때 이과 분야에서는 수식 및 그래프 작
성이 꼭 필요한 경우가 많다. 그래서 Word 등을 사용하는 것보다
TeX(LaTeX) 등을 사용하는 경우가 많고 그래프 작성에는 gnuplot
이 자주 사용된다.

기억해야 할 키워드

MEX 파일과 Oct 파일

C언어나 C++, Fortran 등으로 독자적으로 개발한 서브 루틴을 내장 함수처럼 실행할 수 있는 인터페이스. 자신이 만든 함수를 라이브러리 함수처럼 사용할 수 있다.

MATLAB

수치 해석 소프트웨어. 유료 소프트웨어지만 대학 및 연구 기관 등에서 많은 연구자들이 사용하고 있다.
Octave를 사용하면 무료로 비슷하게 구현할 수 있지만, 완전히 호환성이 있는 것은 아니다.

Octave-Forge

Octave의 기능을 확장할 수 있는 패키지 모음. 커뮤니티에 의해 개발된 많은 패키지가 제공되며 무료로 다운로드 할 수 있다.

프로그래밍 예제 **하노이의 탑(hanoi.m)**

```
# 하노이의 탑
function hanoi (n, from, to, via)
  if (n > 1)
    hanoi(n - 1, from, via, to);
    printf ("%s -> %s\n", from, to);
    hanoi(n - 1, via, to, from);
  else
    printf ("%s -> %s\n", from, to);
  endif
endfunction

# 표준 입력에서 단수를 받아서 실행
n = input ("n = ");
hanoi (n, "a", "b", "c");
```

Oz 오즈

탄생
1991년
만든 사람
Gert Smolka 외
주요 용도
범용, 교육용
분류
절차형 · 함수형 · 객체지향형/컴파일러(가상 머신)

멀티 패러다임을 하나로 통합?
분산 환경에서 동작하는 병행성 지향 언어

(이 런 언 어)

함수형과 객체지향형 등 다양한 패러다임을 도입하여 무결성을 유지해 하나로 합친 언어.
동시성을 쉽고 효율적으로 구현할 수 있기 때문에 병행성 지향 언어라고도 불린다. Emacs와 제휴하고 있으며 Emacs에서 개발, 컴파일, 실행이 가능하다.
교육 목적으로 사용되는 'Alice'라는 3D 비주얼 프로그래밍 환경에도 큰 영향을 주고 있다.

우선순위가 있는 스레드

스레드를 쉽게 구현할 수 있어 병행 처리를 3단계의 우선순위를 부여해서 실행할 수 있다. 또한, 프로세서 시간의 비율로 우선순위 수준을 설정할 수 있다.

네트워크 투명한 분산 시스템

원격지에 있는 시스템도 현재 환경에서 액세스 할 수 있도록 설계되어 있으며, 네트워크 환경에서 상호 운용할 수 있는 분산 시스템이다.

3종류의 예외

failure, error, system 등 세 가지 예외가 있다. 파일을 여는 데 실패하는 경우 등 일반적으로 발생하는 예외는 "system" 예외에 해당한다.

(Column)

Oz를 배울 수 있는 책

「Concepts, Techniques, and Models of Computer Programming」
다양한 프로그래밍 패러다임의 장단점을 배울 수 있는 책으로, 실제 체험용 언어로 Oz가 사용되고 있다.

기억해야 할 키워드

제약 프로그래밍

변수의 값을 구하는 문제를 변수 간의 관계를 '제약'에 따라 기술해서 표현하는 방법.
Prolog 같은 논리형이나 Haskell 같은 순수 함수형과 함께 선언형 프로그래밍으로 분류된다.

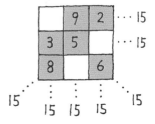

Ozma

Oz의 병행성을 Scala의 확장으로써 담은 프로그래밍 언어.
Scala는 JVM과 .NET을 위해 컴파일되지만, Ozma는 Mozart 프로그래밍 시스템을 위해 컴파일된다.

Mozart 프로그래밍 시스템

Oz의 오픈소스 구현. 가상 머신에서 응용 프로그램을 동작하기 때문에 일단 개발하면 다양한 플랫폼에서 해당 소프트웨어를 동작시킬 수 있다.

(프로그래밍 예제) **하노이의 탑(hanoi.oz)**

```
functor
import
   Application
   System
define
   /* 하노이의 탑 */
   proc {DoHanoi N From To Via}
      if N > 1 then
         {DoHanoi (N - 1) From Via To}
         {System.showInfo From # " -> " # To}
         {DoHanoi (N - 1) Via To From}
      else
         {System.showInfo From # " -> " # To}
      end
   end
   proc {Hanoi M}
      if M > 0 then
         {DoHanoi M 'a' 'b' 'c'}
      end
   end
```

Pascal 파스칼

프로그래밍 교육에 최적 언어
구조화에서 객체지향까지!

탄생
1970년
만든 사람
Niklaus Wirth
주요 용도
교육용, 데스크톱 애플리
케이션 개발
분류
절차형 · 객체지향형/컴파
일러

(이런언어)

교육용으로 사용되는 경우가 많으며, 알고리즘에 관한 문헌에서 많이 사용되었다. 같은 개발자가 만든 후계 언어로 Modula-2가 있다.

구조적 프로그래밍을 수행하기에 적합한 대표 언어로 알려져 있고 소스코드도 읽기 쉽다.

초기 Macintosh의 OS 개발에 사용되었으며, 이외에도 MS-DOS나 Windows 앱 개발에 많이 이용되었다(당시 볼랜드 사가 출시한 Turbo Pascal은 가격도 저렴해서 이용자도 많았다). 객체지향을 추가한 Object Pascal이 등장하자 취미로 프로그래밍을 하는 사람들도 많이 사용하게 되었다.

세미콜론은 문장의 구분 기호

많은 언어에서 세미콜론은 문장의 끝을 의미한다. 그러나 Pascal의 경우, 문장과 문장의 구분을 의미하기 때문에 블록 안의 마지막 문장 끝에는 세미콜론을 붙이지 않는다.

고속 컴파일

소스코드를 한 번 읽으면 실행 파일을 생성할 수 있는 '원 패스 컴파일'을 해서 컴파일 시간이 매우 짧다.

알고리즘 기술 언어

정확한 설명이 가능한 구문 덕분에 교과서나 논문 등에서 알고리즘을 설명할 때, Pascal 풍의 의사 코드가 사용되는 경우가 많았다.

(Column)

Pascal을 배울 수 있는 책

「알고리즘과 자료구조」
Pascal의 개발자인 Niklaus Wirth가 쓴 유명한 알고리즘 책.
소스코드가 Pascal로 작성되어있다.

기억해야 할 키워드

Pascal 문자열

배열의 맨 앞에 문자열 길이를 넣은 문자
열을 말한다.
C언어 등의 경우에는 NULL 문자 (₩0)를
넣는 것으로 끝을 판단하는데, Pascal 문
자열 배열의 선두를 체크해서 문자열 길이
를 판단할 수 있다.

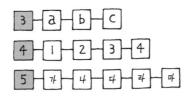

Delphi

Pascal을 확장하여 만든 객체지향 언어로 GUI 애
플리케이션 개발도구를 가리키기도 한다. Windows
애플리케이션 개발에 많이 사용되었다.
또한 'Kylix'를 사용해서 Linux 애플리케이션에 쉽게
이식할 수 있었다.

Pascal 형식

변수 및 메소드 이름 등의 스타일로
Camel 형식이나 Snake 형식 등이 있다.
Pascal 형식은 첫 글자를 대문자로 하고
이어지는 각 단어의 첫 글자를 대문자로
작성한다.

$$E_{rror} L_{evel}$$
$$T_o S_{tring}$$
$$B_{ackground} C_{olor}$$

(프로그래밍 예제) 하노이의 탑(hanoi.pas)

```pascal
program ideone;

{ 하노이의 탑 }
procedure hanoi(n: integer; from: string; to_: string; via: string);
begin
   if n > 1 then
   begin
      hanoi(n - 1, from, via, to_);
      writeln(from + ' -> ' + to_);
      hanoi(n - 1, via, to_, from)
   end
   else
      writeln(from + ' -> ' + to_)
end;

var n: integer;
begin
   // 표준 입력에서 단수를 받아서 실행
   readln(n);
   hanoi(n, 'a', 'b', 'c')
end.
```

Perl._펄

텍스트 포맷팅과 출력에 최적 언어!
CGI 시대에 한 세대를 풍미

탄생
1987년
만든 사람
Larry Wall
주요 용도
웹 앱
분류
절차형 · 함수형 · 객체지향형/인터프리터

(이런 언어)

문자열 처리에 장점이 있고, 웹 애플리케이션 개발 현장에서 많이 사용되는 언어. 1990년대는 CGI에서 사용되는 언어로 압도적인 점유율을 가지고 있었다.
Linux 환경에 표준으로 설치되어 있는 경우가 많아 쉽게 사용을 시작할 수 있다.
스크립트 언어로는 빠른 편이지만, 소스코드의 가독성 측면에서는 조금 어려운 부분이 있어 Ruby와 Python 같은 언어에 점유율을 빼앗겨 버렸다.

풍부한 모듈

웹 환경에서 1990년대부터 오랫동안 사용되고 있는 만큼 표준인 것을 포함해서 수많은 모듈이 준비되어 있다.

문자열 처리가 장점

sed나 awk와 같은 프로그래밍 언어의 특징을 도입해서 문자열 처리가 장점. 정규 표현식이 폭넓게 사용되는 계기가 된 언어라고 할 수 있다.

후방 호환성의 확보

Perl의 버전이 바뀌어도 이전 버전에서 사용하던 기능을 변경 없이 그대로 사용할 수 있다.
다만 Perl 6는 Perl 5까지와는 다른 언어로 간주되고 있을 정도로 크게 변경되었다.

(Column)

TMTOWTDI

There's more than one way to do it(방법은 하나가 아니다)의 약어로 Perl로 프로그래밍할 때의 모토이다.

기억해야 할 키워드

정규표현식

문자열의 패턴 매치를 할 수 있는 표현 방법. Perl에서는 POSIX의 확장 정규표현식을 더욱 확장한 표현이 가능하며, 다른 많은 언어에서도 채용되고 있다.

CPAN

Perl 모듈을 체계적으로 관리하는 인터넷 시스템.
의존관계 등도 데이터베이스화 되어 있으며 필요한 모듈을 자동적으로 다운로드 할 수 있다.

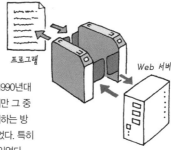

프로그램

Web 서버

CGI

인터넷이 보급되기 시작한 1990년대는 정적 웹 페이지가 많았지만 그 중에서 동적 웹 페이지를 표시하는 방법으로 CGI가 많이 사용되었다. 특히 Perl은 압도적으로 인기가 있었다.

(프로그래밍 예제) **하노이의 탑(hanoi.pl)**

```perl
#!/usr/bin/perl

# 하노이의 탑
sub hanoi{
    my ($n, $from, $to, $via) = @_;

    if ($n > 1){
        &hanoi($n - 1, $from, $via, $to);
        print $from . " -> " . $to . "\n";
        &hanoi($n - 1, $via, $to, $from);
    } else {
        print $from . " -> " . $to . "\n";
    }
}

# 표준 입력에서 단수를 받아와서 실행
my $n = <STDIN>;
&hanoi($n, "a", "b", "c");
```

PHP
피에이치피

동적 웹 페이지를 쉽게 작성!
HTML에 삽입해서 사용할 수 있는 언어

탄생
1995년
만든 사람
Rasmus Lerdorf
주요 용도
웹 앱
분류
절차형 · 객체지향형/
인터프리터

(이 런 언 어)

웹 애플리케이션의 개발에 많이 사용되는 언어.
C언어와 스타일이 비슷할 뿐만 아니라 초보자도 배
우기 쉽기 때문에 이용자 수가 매우 많다.
데이터베이스와의 연계도 쉽고 GUI에서 테이블 설
정 및 데이터 조작이 가능한 도구도 갖추어져 있다.
HTML 파일에 소스코드를 포함시킬 수 있기 때문
에 간편하게 동적 웹 페이지를 만들 수 있다.
PHP 컨퍼런스에 많은 개발자가 참여하는 등 커뮤
니티도 활발하다.

풍부한 프레임워크

CakePHP, Zend Framework,
Symfony, Laravel, CodeIgniter 등
풍부한 프레임워크가 있고 많은 개발
자가 있다.
각각의 커뮤니티도 활발해서 많은 정
보를 얻을 수 있다.

취약성이 남는 경우도

초보자도 개발하기 쉬운 언어
이기 때문에 보안 등을 의식
하지 않고 만들어진 프로그램
도 있어서 취약점이 남아있는
프로그램이 많은 것으로 알려
져 있다.

렌털 서버에서 이용하기
가 쉽다

대부분의 렌털 서버에는 사전에
PHP가 도입되어 있기 때문에
다른 언어에 비해 환경을 구축
하는 번거로움이 적고 바로 사
용을 시작할 수 있다.

(Column)

PHP라는 이름의 유래

원래는 "Personal Home Page Tools"라는 이름으로 "PHP
Tools"라고 했다.
현재는 "PHP: Hypertext Preprocessor"라는 말을 재귀적
으로 줄인 것으로 여겨지고 있다.

기억해야 할 키워드

LAMP

Linux, Apache, MySQL, PHP의 약자. 동적 웹 사이트를 구축할 때 적합한 오픈 소프트웨어의 조합으로 자주 사용된다.

WordPress

PHP로 개발된 블로그용 소프트웨어.
많은 렌털 서버에 쉽게 도입할 수 있도록 설정되어 있다.
블로그뿐만 아니라 업데이트가 쉬운 웹 사이트의 구축에도 사용되는 등 세계적으로도 점유율이 높다.

Hack

Facebook에 의해 개발된 PHP와 호환성이 있는 언어.
PHP를 더 빨리 실행하는 것을 목표로 개발되고 있으며, 그 처리 속도로 주목을 받고 있다.

프로그래밍 예제 　**하노이의 탑(hanoi.php)**

```php
<?php

/* 하노이의 탑 */
function hanoi($n, $from, $to, $via){
    if ($n > 1){
        hanoi($n - 1, $from, $via, $to);
        print $from . " -> " . $to . "\n";
        hanoi($n - 1, $via, $to, $from);
    } else {
        print $from . " -> " . $to . "\n";
    }
}

// 표준 입력에서 단수를 받아서 실행
$n = fgets(STDIN);
hanoi($n, "a", "b", "c");
```

Pike 파이크

탄생
1994년
만든 사람
Fredrik Hübinette
주요 용도
범용
분류
절차형 · 함수형 · 객체지향형/인터프리터

빠르게 프로토타입을 작성!
C언어 풍의 스크립트 언어

(이런 언어)

Java 및 C언어와 비슷한 문법을 가진 동적 객체지향 언어.
UNIX 또는 Windows, macOS 등 다양한 환경에서 사용할
수 있는 인터프리터가 제공되며, 실행 시 바이트코드를 가상
머신에서 실행한다.
웹 등의 네트워크 관련 개발뿐 아니라 정규표현식 등의 텍스
트 처리에도 사용되는 등 많은 용도로 사용할 수 있다.

다른 자료형을 가지는 변수

'태그된 유니온(tagged union)'에 의해서 다
른 자료형을 가진 변수를 정의할 수 있다.

```
예) int | float number;
    number = 314;
    number = 3.14;
```

태그를 부가 정보로 가지고 있어서 항상 올
바른 자료형으로 처리할 수 있도록 설계되
어 있다.

쉬운 네트워크 접속

파일을 여는 것 같은 느낌으로 네트워크 건너편
의 소켓을 열고 써 넣는 것이 가능.
UDP 접속을 위한 'Stdio.UDP'와 포트를 지정
해서 여는 'Stdio.Port'라는 클래스가 있다.

3종류의 라이선스 배포

GPL, LGPL, MPL의 세 가지 라이선
스로 배포되고 있어서 다른 프로그
램에 링크하는 경우에도 가장 적절한
라이선스를 선택할 수 있다.

(Column)

북유럽은 IT 선진국의 모임?

컴퓨터에 관해서는 미국이 압도적으로 앞서 있다고 생각하지만, 의
외로 IT 선진국이 많은 지역으로 북유럽을 들 수 있다.
Pike는 스웨덴에서 시작되었으며, 스웨덴은 Skype와 Spotify 등
이 인기다. 또한 핀란드는 Nokia가 있고, Linux 및 MySQL 등이
개발된 곳으로도 유명하다. 에스토니아는 국민 ID 카드의 선진국으
로 알려져 있다.

MUD

Multi-User Dungeon, Multi-User
Domain, Multi-User Dimension의 약자.
여러 사람이 플레이하는 게임으로 Pike는
처음에는 이를 목적으로 만들어졌다.

CommonLog

Roxen 및 Apache 등의 웹 서버의 로그
를 행 단위로 파싱할 수 있는 클래스.
접근 시간이나 프로토콜, 상태코드 등을 자
동적으로 멤버변수로 설정한다.

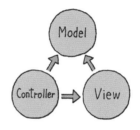

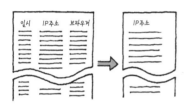

Roxen

Pike로 작성된 웹 서버 소프트웨어.
RXML이라는 매크로 언어가 통합되어
있으며 MVC 패턴에 의한 웹 애플리
케이션의 개발이 가능하다.

(프로그래밍 예제) **하노이의 탑(hanoi.pike)**

```
// 하노이의 탑
void hanoi(int n, string from, string to, string via){
    if (n > 1){
        hanoi(n - 1, from, via, to);
        write(from + " -> " + to + "\n");
        hanoi(n - 1, via, to, from);
    } else {
        write(from + " -> " + to + "\n");
    }
}

int main() {
    string n=Stdio.stdin->gets();
    hanoi((int)n, "a", "b", "c");
    return 0;
}
```

PL/I
피엘 원

IBM의 메인프레임 용으로 만들어진 범용 언어

탄생
1964년
만든 사람
IBM
주요 용도
메인프레임
분류
절차형/컴파일러

IBM 메인프레임인 System/360과 함께 개발된 언어(PL/I: Programming Language One). Fortran과 비슷한 문법으로 COBOL과 같은 코드 처리가 가능하다.

현재도 IBM 메인프레임에서 동작하는 기업 시스템 등 과거에 만들어진 것이 남아있는 경우가 있다. Fortran 및 COBOL로 대체될 것으로 기대했었지만, 이 언어들에 대응되는 기능 추가도 있어서 대체가 진행되지 않았다.

메인프레임에서의 사용이 중심

현재도 IBM 메인프레임에서 COBOL과 함께 사용되고 있는 경우가 많다.

다만, COBOL과 같이 개발자가 줄어들고 있기 때문에 기존 시스템의 유지보수에 어려움을 겪고 있는 경우도 볼 수 있다.

예약어가 없다

프로그램은 읽기 쉽고 이해하기 쉽다.

또한 예약어가 없기 때문에 'IF'라는 변수 이름이나 "CALL"함수 이름 등 어떤 이름이든 변수나 함수에 붙일 수 있다.

시스템 프로그래밍이 장점

OS 개발에 사용된 것처럼 인터럽트 등 저수준의 개발이 가능하다.

반면 컴파일러의 구현이 어렵고 시간이 걸리기 때문에 많은 프로그래머가 선택하지는 않았다.

온라인과 일괄 처리

웹 기반 시스템의 경우 사용자가 24시간 이용 가능한 것이 일반적이지만, 일반 기계 시스템의 경우 사용자가 액세스 할 수 있는 '온라인 처리'와 '일괄 처리' 시간대가 나누어져 있는 경우가 많다.

'온라인'과 '오프라인', '실시간 처리'와 '일괄 처리'라는 단어가 사용되기도 한다.

기억해야 할 키워드

Multics

UNIX 개발의 힌트가 되었던 OS.
UNIX에서 사용되는 커맨드도 내부는 크게
다르지만 커맨드 이름에 당시의 이름이 남
아있는 것이 있다.
Multics의 주요 개발 언어로 PL/I이 사용
되었다.

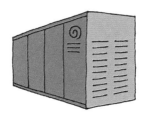

PL/M과 PL/S

Intel의 PC용 언어인 PL/M과 IBM의 OS 개발을 위
한 언어인 PL/S 등 PL/I의 부분 집합에 해당하는 언
어가 존재했다.

※ PL/M: Programming Language for
　　Microcomputers
※ PL/S: Programming Language/Systems

전처리기

PL/I에는 외부 파일을 포함하는 인클
루드 전처리기와 소스코드를 변경하
는 매크로 전처리기, SQL을 변환하는
SQL 전처리기 등이 탑재되어 있다.

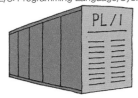

[프 로 그 래 밍 예 제] **하노이의 탑(hanoi.pli)**

```
/*하노이의 탑*/
hanoi:proc options(main);

  dcl n fixed bin(15);

  get list(n);
  call dohanoi(n, 'A', 'B', 'C');

  dohanoi:proc(n, from, to, via) recursive;
    dcl n fixed bin(15);
    dcl (from, to, via) char(1);
    if n > 1 then do;
      call dohanoi(n-1, from, via, to);
      put skip list(from || '->' || to);
      call dohanoi(n-1, via, to, from);
    end;
    else
      put skip list(from || '->' || to);
  end dohanoi;

end hanoi;
```

자료형의 정의

fixed bin(15)로 2바이트의 부
호를 갖는 정수.
4바이트의 부호를 갖는 정
수의 경우는 finxed bin(31)
과 같이 지정한다.

PostScript

인쇄가 장점이어서 프린터에도 탑재!
역 폴란드 표기법의 스크립트 언어

탄생
1984년
만든 사람
Adobe Systems
주요 용도
프린터
분류
명령형/인터프리터

강력한 그래픽 기능을 가진 프로그래밍 언어로 프린터에서 인쇄할 데이터를 처리하기 때문에 "페이지 기술 언어"라고도 불린다.
도형 등을 인쇄할 때 PC에서 인쇄 이미지를 생성하고 프린터로 전송하면 전송 속도가 걸림돌이 되기 때문에 텍스트 형식의 데이터를 전송하고 프린터에서 인쇄 이미지를 생성하도록 만들어졌다.
장치 독립적인 언어이며, 어떤 기기를 사용해도 거의 동일하게 출력할 수 있다는 특징이 있다.

확대, 축소에 강하다

벡터 형식의 도형을 취급할 수 있기 때문에 수학적인 조작으로 표현할 수 있어 사선이나 원형 등을 취급하는 경우에도 들쭉날쭉하게 나오는 일 없이 인쇄할 수 있다.

PostScript에서 PDF로

PostScript는 '파일이 커진다', '편집할 수 없다', '검색이 어렵다'라는 문제점이 있었기 때문에, 그것을 해결하기 위해 PDF가 만들어졌다.
현재는 많은 기업에서 문서 작성에 PDF를 채용하고 있고, 파일을 주고 받고 보존할 때 표준 포맷으로 사용하고 있다.

복잡한 인터프리터

처음에는 컴퓨터의 성능이 낮아 비싼 레이저 프린터 등 하드웨어로 처리하는 것이 필요했다.
최근에는 통신 속도의 향상이나 PC의 성능 향상을 통해 PC 측에 PostScript 인터프리터가 탑재되는 경우도 많다.

편지에 사용되는 '추신'

편지 등에서 사용되는 P.S.(추신)는 Post Script의 약자이며, 이 언어의 특징인 후위 표기법(역 폴란드 표기법)이 언어 이름의 유래라고 여겨지고 있다.

Adobe PostScript

130 프로그래밍 언어 도감

레드 북

PostScript의 공식 레퍼런스 매뉴얼.
표지의 색이 붉은색이어서 '레드 북'이
라고 불린다.
무료 PDF 파일로 내용을 볼 수 있다.

PostScript 폰트

Windows 등에서 사용되는 True Type 폰
트에 비해 인쇄물 등에서 더 많이 사용되는
고품질 폰트.
PS 폰트라고 생략해서 부르는 경우도 많다.

GhostScript

PostScript 또는 PDF와 같은 인터프리터
에서 프리 소프트웨어로 배포되고 있다.
컴퓨터에서 인쇄 이미지를 확인할 수 있
는 뷰어로 사용되는 경우가 많다.

프로그래밍 예제 **하노이의 탑(hanoi.ps)**

```
%!PS-Adobe-3.0
%「gs -dNODISPLAY hanoi.ps」처럼 실행

% 하노이의 탑
/hanoi {
  3 index 1 gt
  {3 index 1 sub 3 index 2 index 4 index hanoi
   2 index print 1 index =
   3 index 1 sub 1 index 3 index 5 index hanoi
   pop pop pop pop}
  {pop exch print = pop}
  ifelse
} def

3 (a) (b) (c) hanoi

quit
```

역 폴란드 표기법
조건 분기도 처리 내용을
먼저 쓰고 마지막에 'ifelse'
를 쓴다.

Prolog 프로롤그

탄생
1972년
만든 사람
Alain Colmerauer
주요 용도
인공지능 연구
분류
논리형/인터프리터

인공지능 연구에서 대활약 중
논리 프로그래밍의 대명사

(이런 언어)

사물의 관련성을 나타내는 '술어'에 따라 기술하는 논리형 언어. Prolog는 'Programming in Logic'의 약어.
처리 절차를 구현하는 것이 아니라 데이터 간의 관계를 명제로 기술하고 그 명제가 성립하는지를 재귀적으로 검색하여 처리를 실행한다.
답변을 질문하는 것으로 프로그램을 실행하고 패턴 매칭을 통해 답변을 검색한다고 할 수 있다. 인공지능 연구에 사용되는 경우가 많으며, 최근에는 로봇 Pepper의 개발 툴에서 사용할 수 있는 Prolog 처리계도 있다.

선언적 기술

인간은 생각할 때 단계를 생각하는 절차적 개념뿐만 아니라 사물의 개념을 관계로 파악할 수 있다.
그래서 사물의 관계를 나타내는 선언적인 표현이 사용되고 선언형 프로그래밍이라고도 불린다.

질문에서 유추한다

술어로 기술된 사실에 대해서 질문하고 그 사실을 확인해 가면서 추론을 한다.
자주 사용되는 예로 "소크라테스는 인간이다", "인간은 죽는다"는 사실에 대해 "소크라테스는 죽는가?"라는 질문을 하면 "true"가 반환된다는 것이 있다.

명제 논리와 술어 논리

논리학에서는 진위를 표현하는 '진리'의 개념을 설명하는데, 이 진리를 표현하는 방법으로 '명제 논리'와 '술어 논리'가 있다.
명제 논리는 문제를 진위 형태로 표현한 것인 반면, 문제의 의미와 관계를 생각해서 표현한 것을 술어 논리라고 한다.

(Column)

인공지능 연구에 있어서 학문과 추론

인공지능 연구의 중심에 있는 분야로는 데이터에서 지식을 얻는 '학습'과 지식에서 결론을 얻는 '추론'이 있다.
최근에는 '딥 러닝'을 중심으로 '학습' 분야가 주목을 받고 있는데, Prolog는 '추론'에 적합한 언어라고 할 수 있다.

기억해야 할 키워드

ICOT(Institute for New Generation Computer Technology)

1982년부터 약 10년동안 국가 주도로 이루어진 인공지능 연구 프로젝트.
'제 5세대 컴퓨터'를 목표로 내걸고 Prolog를 도입했지만, 산업에 거의 영향을 주지 못하고 종료했다.

혼 문절

선언(또는 논리합, OR)에서 결합된 논리식 (절) 중 양의 리터럴(부정이 붙어 있지 않은 명제)를 최대 한 개 포함한 것.
예) ㅡP1∨ㅡP2...∨ㅡPn∨Q

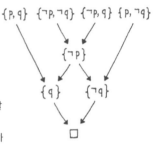

추론 엔진

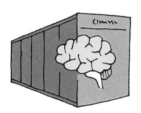

인공지능 붐 속에서 1970년~1990년경의 전문가 시스템을 지탱했던 Prolog는 개발 언어로 중심적인 역할을 했다.
특히 논리에 의해 규칙과 데이터를 처리하는 추론 엔진으로 사용되었다.

〔프로그래밍 예제〕 하노이의 탑(hanoi.swi)

```
:- set_prolog_flag(verbose,silent).
:- prompt(_, '').
:- use_module(library(readutil)).

/*하노이의 탑*/
main:-
    read(X),
    hanoi(X, a, b, c),
    halt.

hanoi(1, From, To, _) :- write(From -> To), nl.
hanoi(N, From, To, Via) :-
    N1 is N - 1, hanoi(N1, From, Via, To),
    write(From -> To), nl,
    hanoi(N1, Via, To, From).

:- main.

% 표준 입력은 마지막에 '.'이 필요
% 예)3.
```

> **변수 이름은 대문자로 시작한다**
>
> 변수 이름은 문자(대문자, 소문자), 숫자, 언더바를 사용할 수 있지만, 일반적인 변수는 대문자로 시작한다.
> 변수가 특별히 중요하지 않은 경우에는 언더바를 사용하고 익명변수라고 부른다.

Python _{파이썬}

웹 앱에서 인공지능까지
인기가 급상승하며 주목받는 언어

탄생
1991년
만든 사람
Guido van Rossum
주요 용도
웹 앱 데이터 분석,
인공지능
분류
절차형 · 함수형 · 객체지
향형/ 인터프리터

(이 런 언 어)

데이터 분석에 장점을 가진 스크립트 언어로 '데이터 사이언티스
트'라는 직종에 인기가 있다. 해외에서는 웹 애플리케이션의 개
발 언어로도 많이 사용되고 있으며, Python 프로그래머의 평균
연봉이 높은 것이 화제가 되기도 한다.
최근에는 기계학습 등 인공지능의 개발에도 많이 사용되고 있다.
버전 2.x와 3.x은 일부 호환이 되지 않지만 두 버전 모두 이용자
가 많다.

인덴트가 중요

많은 언어가 '{' '}' 등으로 블록 구
조를 표현하는 반면, Python에서
는 인덴트(들여 쓰기)로 표현한다.
"코드는 쓰는 것보다 읽는 것이 더
많다"라는 의미에서 PEP8이라는
코딩 가이드도 제공되고 있다.

다양한 구현이 있다

원래의 처리계인 'CPython'뿐만 아니라
'Jython'나 'PyPy', 'Cython'나 'IronPython'
등 다양한 구현이 있으며, 각각 특징이 있다.

풍부한 통계 라이브러리

데이터 분석과 기계학습에 사용
할 수 있는 라이브러리가 풍부하
게 갖추어져 있으며 무료로 사용
할 수 있다. 'NumPy'나 'Pandas',
'matplotlib' 등이 특히 유명하다.

(Column)

The Zen of Python

Python 프로그래머가 가져야 할 마음가짐이 정리된 말.
Python으로 소스코드를 작성할 때 '단순'과 '가독성'을 실현하기
위한 19개의 문장으로 구성되어 있다.

기억해야 할 키워드

pip
Python 패키지 관리 시스템.
최신 Python이 기본으로 제공되어 검색
및 설치, 업데이트 등도 가능하다.
Git 저장소에서 직접 설치할 수도 있다.

$$[\, x \ for \ x \ in \ range(10) \ if \ is\_prime(x)\,]$$

리스트 컴프리핸션
리스트를 생성할 때 사용되는 표기 방법.
수학에서 집합을 나타낼 때 사용되는 {x |
x는 10 이하의 소수}라는 표현에 가깝다.
for 루프보다 빠르게 처리할 수 있다.

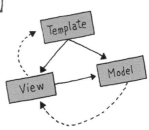

Django
Python으로 사용되는 웹 애플리케이션
프레임워크 중에서도 가장 인기가 있다.
Instagram과 Pinterest의 개발에도 사용
되고 있는 것으로 알려져 있다.

프로그래밍 예제 **하노이의 탑(hanoi.py)**

```
# 하노이의 탑
def hanoi(n, from_, to, via):
    if n > 1:
        hanoi(n - 1, from_, via, to)
        print from_ + " -> " + to
        hanoi(n - 1, via, to, from_)
    else:
        print from_ + " -> " + to

# 표준 입력에서 단수를 받아서 실행
n = input()
hanoi(n, "a", "b", "c")
```

인덴트가 중요
탭 문자 또는 4 문자의 공백
이 사용되는 경우가 많다.
하나의 블록은 동일한 들여
쓰기로 통일이 필요하다.

R.알

무료로 데이터 분석 및 그래프 그리기!
대화형으로 쉽게 테스트할 수 있는 실행 환경까지

탄생
1995년
만든 사람
Ross Ihaka／Robert Clifford Gentleman

주요 용도
통계 분석
분류
절차형 · 함수형 · 객체지향형/인터프리터

이런 언어

통계 분석을 위한 프로그래밍 언어에서 벡터와 행렬을 쉽게 처리할 수 있는 구조를 갖추고 있다. 데이터 조작 및 계산, 그래픽 기능 등을 갖춘 통합 개발 환경이다.
통계 처리나 그래프의 표시 등이 장점으로, 분석 처리를 적은 단계로 수행할 수 있어서 주목받고 있다. 처리 속도가 빠르다고 할 수는 없지만, 데이터 검증 및 프로토타입을 만들기에 가장 적합하다.

벡터 처리

실수와 복소수, 문자열 등의 데이터를 하나씩 처리하는 것이 아니라, 같은 형태의 데이터를 정리한 '벡터'로 취급한다.
이 때문에 대부분의 연산이 벡터에 대한 처리로 정의되어 있다.

풍부한 패키지

기본으로 제공되는 패키지뿐만 아니라 확장 패키지가 많이 제공되고 있어 자유롭게 설치하고 사용할 수 있다.
의존관계를 자동으로 체크하고 도입할 수 있다.

통합 개발 환경에서 개발이 가능

Windows 또는 macOS 및 Linux 등에서 GUI 통합 개발 환경을 사용할 수 있다.
패키지의 설치 등을 GUI에서 할 수 있을 뿐만 아니라 실행 및 그래픽 표시도 윈도우 내에서 해결할 수 있다.

Column

데이터 사이언티스트라고 불리고 있는 사람들

2012년경부터 '데이터 사이언티스트'라는 말이 화제가 되었다.
수학 및 통계뿐만 아니라, IT를 활용하여 대량의 빅데이터를 사용하여 비즈니스에 도움이 되는 정보를 활용하기 위해서 R언어는 꼭 갖추어야 할 도구라고 할 수 있다.

기억해야 할 키워드

S언어와 S-PLUS

통계 처리 언어인 S언어 처리계로 유료인 'S-PLUS'가 있다. R언어는 S언어의 문법을 도입하여 오픈소스로 작성되어 있다.

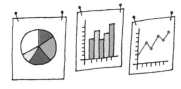

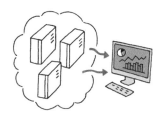

데이터 프레임

통계 처리에 사용하는 표 형식의 데이터를 처리하는 리스트이다. 다른 자료형의 데이터를 정리하여 하나의 변수에 저장할 수 있고, 행과 열을 지정해서 접근할 수 있다. 1행이 한 묶음의 데이터를 나타내며, 각 열은 데이터 항목을 나타낸다.

CRAN

R언어 프로그램의 배포 사이트.
패키지 형식으로 다운로드, 인스톨할 수 있다.
웹 브라우저로 다운로드 할 수도 있지만, R언어에서 직접 자동 설치하는 것도 가능하다.

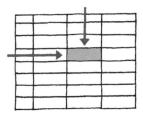

(프로그래밍 예제) **하노이의 탑(hanoi.r)**

```r
# 하노이의 탑
hanoi <- function(n, from, to, via){
  if (n > 1){
    hanoi(n - 1, from, via, to)
    cat(paste(from, "->", to, "\n"))
    hanoi(n - 1, via, to, from)
  } else {
    cat(paste(from, "->", to, "\n"))
  }
}

# 표준 입력에서 단수를 받아서 실행
n <- readLines("stdin")
hanoi(as.integer(n), "a", "b", "c")
```

독특한 할당 기호

할당은 '<-'를 사용하는 것이 일반적이다. 변수를 오른쪽으로 써 '->'로 대입하는 것도 가능하다.
'='를 사용해서도 대입할 수 있지만, 이 경우 변수의 범위가 달라진다.

Racket. 라켓

도입하기 쉬운 LISP풍 언어
Scheme의 학습 환경으로 최적

탄생
1994년
만든 사람
PLT Scheme Inc
주요 용도
교육
분류
절차형 · 함수형 · 객체지향형/컴파일러 · 인터프리터

이런 언어

Scheme에서 파생된 프로그래밍 언어.
처음에는 PLT Scheme라고 불렸지만, 컴파일러와 인터프리터뿐만 아니라 IDE와 풍부한 모듈까지 갖춘 언어가 되어 2010년에 개명되었다.
한국어 정보는 적지만, IDE를 포함한 환경을 설치하는 것만으로 구축할 수 있기 때문에 초보자도 도입하기 쉽다.

풍부한 라이브러리

GUI와 웹 서버 데이터베이스부터 3D 그래픽 등 다른 언어에서 볼 수 있는 라이브러리뿐만 아니라 QR 코드 및 Excel 파일을 만들거나 읽는 등의 편리한 기능도 갖추고 있다.

언어를 개발하기 위한 언어

프로그래밍은 문제를 해결하기 위해 사용되지만, 그 해결에 가장 적합한 프로그래밍 언어는 각각 다르다. 그 중 Racket은 '프로그래밍 언어를 만들기' 위한 프로그래밍 언어로 만들어졌다.

다양한 서식이 가능

첫 번째 줄에서 언어를 지정하는 주석을 작성하는 것으로 Algol60 형식이나 슬라이드를 만들 slideshow 등의 언어로 전환해서 프로그램을 작성할 수 있다.

Column

프로그래밍 언어로 쓰는 프레젠테이션

일반적으로 프레젠테이션 도구라고 하면 PowerPoint와 Keynote 등을 많이 쓰지만, Racket의 Slideshow 라이브러리를 사용하면 LISP에서 프레젠테이션 자료를 만들 수 있다.
다른 언어에서도, 예를 들면 Ruby의 Rabbit 등 프로그래밍 언어로 기술하는 라이브러리가 등장하고 있다.

기억해야 할 키워드

DrRacket

Racket의 통합 개발 환경. Racket뿐만 아니라 Scheme의 다른 파생 언어 등도 지원하고 있다.
대화식으로 실행 결과를 확인할 수 있으며 쉽게 디버깅할 수 있다.

raco와 PLaneT

raco는 "Racket Command"의 약자인 커맨드 라인 툴.
Racket 컴파일뿐만 아니라 패키지의 도입과 관리가 가능하다.
또한 패키지 배포 시스템 PLaneT을 이용하면 패키지를 배포할 수 있다.

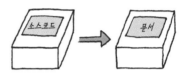

Redex와 Scribble

Redex는 Racket 구문을 확장하는 언어.
Redex에 의해 확장된 예로 Scribble이 있다.
Scribble은 Racket 문서를 만들기 위한 언어로 HTML 및 PDF, LaTeX와 Markdown 등 다양한 형식의 문서 출력이 가능하다.

(프로그래밍 예제) **하노이의 탑(hanoi.rkt)**

```
; 하노이의 탑
(define (hanoi n from to via)
  (if (> n 1)
    (begin
      (hanoi (- n 1) from via to)
      (display (format "~A -> ~A\n" from to))
      (hanoi (- n 1) via to from)
    )
    (display (format "~A -> ~A\n" from to))
  )
)

; 표준 입력에서 단수를 받아서 실행
(hanoi (string->number (read-line)) "a" "b" "c")
```

> Scheme과 같다
> Scheme의 소스코드를 그대로 실행할 수 있다.

Ruby 루비

'즐기기' 위한 목적으로 개발된
프로그래밍 언어

탄생
1995년
만든 사람
마스모토 유키히로
주요 용도
웹 앱, 교육
분류
절차형 · 함수형 · 객체지향형/인터프리터

스트레스 없이 프로그래밍을 즐기는 것을 목적으로 개
발된 일본산 언어.
배우기 쉽고 하고 싶은 일을 직관적으로 작성할 수 있기
때문에 많은 프로그래머들이 선호하고 있다. 매년 개최
되는 RubyKaigi 등 커뮤니티 활동도 활발하다.
Cookpad와 GitHub 등 많은 웹 애플리케이션이 Ruby
로 개발되고 있다. 최근에는 프로그래밍 교육에서 사용
되는 경우도 늘고 있다.

DSL로 이용이 많다

DSL(도메인 특화 언어)은 특정 작업을 위해
설계된 언어이다.
Ruby는 내부 DSL에 적합하다고 해서 Chef
와 Vagrant 등 다양한 프로그램 설정 파일
에 사용되고 있다.

모든 것이 객체

객체지향 언어라도 다른 언어의 대부
분이 정수 등의 원시적인 형태는 객
체가 아닌데 반해, Ruby는 Smalltalk
와 같은 순수 객체지향 언어이다.

유연한 정의

기존에 정의된 클래스에 새로운 메소드
를 추가하는 '오픈 클래스'라는 방식이
있다.
Ruby의 핵심적인 처리라도 삭제하거
나 재정의가 가능하며 연산자 등도 다
시 정의할 수 있다.

일본에서 개발된 언어

일본에서 개발된 프로그래밍 언어에는 그 밖에도 'Mind'나 '나데시
코' 등이 있다.
그 중에서도 Ruby는 압도적으로 많은 현장에서 사용되고 있으며,
처음으로 국제전기기술위원회에서 국제 표준으로 인증되었다.

기억해야 할 키워드

Ruby on Rails
웹 애플리케이션 프레임워크.
'설정보다 규약'(CoC : Convention over
Configuration)이라는 말이 있을 정도로
수동으로 해야 하는 설정이 적다.

gem
Ruby 패키지 관리 시스템인 'RubyGems'
에서 사용되는 라이브러리.
gem 커맨드로 패키지 빌드와 인스톨 등이
가능하다.

YARV
'Yet Another Ruby VM'의 약자.
Ruby를 빠르게 실행하기 위한 처리계
로 개발되었고, Ruby 1.9 이후는 Ruby
본체에 내장되어 있다.

특이 메소드
클래스가 아닌 특정 객체에 추가
되는 메소드.
같은 클래스에서 생성된 다른 객
체에 존재하지 않는 메소드를 독
자적으로 정의할 수 있다.

프로그래밍 예제   **하노이의 탑(hanoi.rb)**

```ruby
# 하노이의 탑
def hanoi(n, from, to, via)
  if n > 1
    hanoi(n - 1, from, via, to)
    puts from + " -> " + to
    hanoi(n - 1, via, to, from)
  else
    puts from + " -> " + to
  end
end

# 표준 입력에서 단수를 받아서 실행
n = gets.chomp.to_i
hanoi(n, "a", "b", "c")
```

Rust 러스트

OS의 개발에도 사용된다?
안전하고 빠른 범용 언어

탄생
2010년
만든 사람
Graydon Hoare
주요 용도
시스템 프로그래밍 영역
분류
절차형 · 함수형 · 객체지
향형/컴파일러

이런 언어

Mozilla가 개발에 참여하고 있으며, 커뮤니티에 의한 개발 등
개방된 형태로 진행되고 있다.
안전성, 고속, 병렬실행 등의 특징이 있으며 OS 개발에 사용되
고 있다. 하드웨어에 가까운 시스템 개발과 네트워크를 이용하
는 서버와 클라이언트 프로그램을 작성하는 데 유용하다.
Firefox의 일부에는 Rust 코드가 포함되어 있다.

변수에 소유권이 있다

Rust는 자원에 대한 속박이 하나
만 존재하는 것을 보장하기 위해
다른 변수로 속박하면 원래의 변
수는 사용할 수 없게 된다(컴파일
에러).
함수의 인수로서 무언가를 전달
후에도 그것을 사용하려고 하면
에러가 발생한다.

match에 의한
패턴 매칭

C언어의 switch 같은 조건 분기를
할 때 몇 개의 값과 일치하거나 특
정 범위의 값과 매칭하는 것 등이
가능하다.
또한 match는 모든 가능한 값을
커버하지 않으면 안 된다.

C언어 풍의 제어 구조

if, else, do, while, for 같은 구문
은 C언어와 비슷하지만 if·else의
조건식은 괄호로 구분할 필요가 없
는 등의 특징도 있다.

Column

설정에 사용되는 TOML

컴파일러에 지시 등을 설정 파일에 저장하는 프로그래밍 언어가 많
다. 다만 언어에 따라서 XML이나 YAML INI 파일이나 JSON 등 파
일의 종류가 다양하다.
Rust는 설정에 INI 파일 풍의 'TOML'를 사용한다. 최근에는 다른
언어에서도 TOML을 설정에 사용하는 사람도 늘고 있다.

기억해야 할 키워드

trait

자료형에 대한 메소드의 집합. 특정 자료형에 대한 메소드가 아니라 모든 자료형에 적응하는 메소드의 집합을 정의할 수 있고 자료형에 대해서 trait를 구현할 수 있다.
다른 객체지향 언어의 인터페이스에 가깝지만, 구현을 하는 것도 가능하다는 점이 다르다.

mozilla

Iron, nickel, Rustful

Rust로 만들어진 웹 프레임워크. 라우팅 기능을 중심으로 플러그인이 준비되어 있으며 각각 특징이 있다.
모두 "Hyper"라는 HTTP 라이브러리를 사용하고 있다.

Cargo

Rust에서 빌드 및 패키지를 관리하는 소프트웨어. Cargo 커맨드로 패키지 작성 및 빌드, 인스톨 및 의존관계 검사 등을 실행할 수 있다.

mozilla
Firefox

프로그래밍 예제 **하노이의 탑**(hanoi.rs)

```rust
use std::io;

/*
하노이의 탑
*/
fn hanoi(n: i32, from: char, to: char, via: char) {
    if n > 1 {
        hanoi(n - 1, from, via, to);
        println!("{} -> {}", from, to);
        hanoi(n - 1, via, to, from);
    } else {
        println!("{} -> {}", from, to);
    }
}

fn main() {
    // 표준 입력에서 단수를 받아서 실행
    let mut n = String::new();
    io::stdin().read_line(&mut n);

    hanoi(n.parse().unwrap(), 'a', 'b', 'c');
}
```

Scala 스칼라

탄생
2003년
만든 사람
Martin Odersky
주요 용도
기업 시스템
분류
함수형 · 객체지향형/인터
프리터 · 컴파일러

Java에서 업그레이드!
함수형과 객체지향형의 양날의 검

(이 런 언 어)

Java보다도 간결한 소스코드로 실행할 수 있어 컴파일 후에는
Java의 바이트코드를 출력할 수 있다. 이 때문에 Java의 자산을
활용하면서 자료형 검사도 엄격하게 할 수 있다.
인터프리터도 표준으로 갖추고 있고 커맨드라인에서 scala 커맨
드를 실행하는 해서 대화형으로 실행할 수 있다. 변수가 아닌 자
료형으로 프로그래밍을 하는 '타입 레벨 프로그래밍' 등 특징적
인 기능도 갖추고 있다.

생략 표기법을 사용할 수 있다

Java와 똑같이 쓰는 것도 가능하지
만, 문장 끝에 세미콜론은 필요 없다.
또 매개변수를 갖지 않는 메소드 등
을 호출할 때는 괄호를 생략할 수 있
는 경우도 있다.

소규모에서 대규모까지 지원

이름대로 '스케일러블'한 프로그래
밍 언어를 지향하고 있다.
작은 프로그램이든 큰 프로그램이
든 1개의 언어로 작성할 수 있도록
하고 함수형과 객체지향형의 요소
를 도입하고 있다.

Java를 그대로 사용할
수 있다

Java를 그대로 사용하는 것도 가
능하고, 함수형 기능을 사용하는
것도 가능하다.
Scala에서 Java의 프로그램을 호
출하거나, Java에서 Scala의 프로
그램을 호출하는 것도 가능.

(Column)

컴파일에서 실행까지가 느리다

컴파일을 할 때 복잡한 처리를 실시하고 있기 때문이기도 하고
Java VM의 구동이 필요하기 때문에 컴파일에서 실행까지 시간이
걸린다. 실행 개시 후는 Java와 같은 속도로 처리할 수 있다.

기억해야 할 키워드

PartialFunction

인수의 유효범위가 정해져 있고 그 범위 내의 인수에 대해서만 기능하는 함수. orElse라는 함수를 사용해서 복수의 partialFunction을 합성할 수 있다.

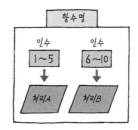

Play Framework

Scala와 Java로 웹 애플리케이션을 쉽게 작성하기 위해서 사용되는 오픈소스 프레임워크. 디폴트로 RESTful한 방식이 도입되어 있다.

Implicit 수식자

자동 형변환, 암시적 매개변수 등을 개발자가 지정할 수 있는 기능. 컴파일러에 처리를 맡기는 것으로, 복잡한 합성이 필요한 경우에도 코드의 중요 부분에만 집중할 수 있다.

(프로그래밍 예제) **하노이의 탑(hanoi.scala)**

```scala
/*
하노이의 탑
*/
class Hanoi {
  def exec(n: Int, from: String, to: String, via: String) {
    if (n > 1) {
      exec(n-1, from, via, to)
      println("%s -> %s".format(from, to))
      exec(n-1, via, to, from)
    } else {
      println("%s -> %s".format(from, to))
    }
  }
}

object Main {
  def main(args: Array[String]){
    // 표준 입력에서 단수를 받아서 실행
    var n = io.StdIn.readLine.toInt
    val h = new Hanoi
    h.exec(n, "a", "b", "c")
  }
}
```

Scheme 스킴

최소한의 사양이어서 교육용으로도 최적!
LISP이나 함수형 언어로 입문

탄생	1975년
만든 사람	Guy L. Steele, Jr. / Gerald Jay Sussman
주요 용도	교육
분류	함수형/인터프리터 · 컴파일러

탄생
1975년
만든 사람
Guy L. Steele, Jr./
Gerald Jay Sussman
주요 용도
교육
분류
함수형/인터프리터 · 컴파일러

(이런 언어)

LISP에서 파생된 언어로 'LISP의 방언'이라고 불리는 경우도 있다. Common Lisp과 비교되는 경우도 많지만 Scheme은 최소한도의 사양만 남겨서 언어의 규격이 작성되었다.
Scheme은 네임스페이스가 1개이기 때문에 'Lisp-1'이라고 불리고 Common Lisp은 'Lisp-2'라고 불린다. 정적 스코프(구문 스코프)를 채용한 최초의 LISP 방언으로 알려져 있다.

오퍼레이터도 인수처럼 평가

Scheme은 Lisp-1이기 때문에 오퍼레이터의 위치에 대해서도 인수와 마찬가지로 평가한다.
덕분에 아래처럼 작성이 가능하고 실행하면 '5'를 얻을 수 있다.

```
((if #t + *) 2 3)
```

심플한 사양

사양이 심플하기 때문에 교육용으로 사용되는 경우도 많고 다양한 구현이 있다.
단순해서 기억하기 쉬울 뿐 아니라, 실행 환경도 각종 OS에 준비되어 있고 입문용 글이 많기 때문에 따라 해보기 쉽다.

언어사양으로서의 꼬리 호출 최적화

재귀 호출이 그 계산에 있어서 최후의 단계가 되도록 언어 사양이 정해져 있다.
이것에 의해 깊은 재귀인 경우도 스택 오버 플로우를 일으키지 않는다.

(Column)

SCSH(Scheme Shell)

Scheme을 베이스로 한 셸. 보통 셸로 사용하기보다는 스크립트 언어로 사용되는 경우가 많다.

기억해야 할 키워드

RnRS

Scheme의 언어 사양으로서 버전 번호를 포함해서 정해지는 이름. 'n' 부분에는 버전의 번호가 들어간다. 2017년 6월 현재는 R7RS이다.
또 Scheme의 확장이나 라이브러리로는 'SRFI'가 있다.

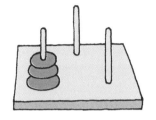

Script-Fu

화상 편집 · 가공 소프트웨어인 GIMP로 매크로처럼 일괄 처리하는 스크립트로 Scheme을 베이스로 한 Script-Fu가 있다.
최근에는 'Python-Fu'가 추가되었고 Python에서도 스크립트를 기술할 수 있게 되었다.

Gauche

카와이 시로가 작성한 Scheme 스크립트 처리계.
풍부한 라이브러리가 준비되어 있어서 심볼 이름이나 매크로 이름 등에도 멀티바이트의 문자열을 사용할 수 있다.

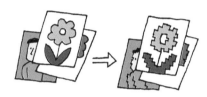

프로그래밍 예제 **하노이의 탑(hanoi.scm)**

```scheme
; 하노이의 탑
(define (hanoi n from to via)
  (if (> n 1)
    (begin
      (hanoi (- n 1) from via to)
      (display (format "~A -> ~A\n" from to))
      (hanoi (- n 1) via to from)
    )
    (display (format "~A -> ~A\n" from to))
  )
)

; 표준 입력에서 단수를 받아서 실행
(hanoi (string->number (read-line)) "a" "b" "c")
```

Scheme **147**

Scratch _{스크래치}

탄생
2006년
만든 사람
Mitchel Resnick
주요 용도
어린이 대상 교육
분류
객체지향형/인터프리터

초중등 SW교육용으로 사용자가 급증!
프로그래밍 입문 교육에 최적 언어

블록을 드래그 앤 드롭으로 배치해서 조합하는 것으로 간단한
제어를 작성할 수 있는 비주얼 프로그래밍 언어.
마우스 조작만으로 인터랙티브하게 소스코드를 배치할 수 있기
때문에 아이들도 직관적으로 프로그래밍이 가능하다.
블록은 동작, 형태, 소리, 펜, 제어, 관찰, 연산, 변수의 8개 그룹
으로 나누어져 있고 그것들을 조합해서 처리를 구현한다.

GUI로 코딩할 수 있다

프로그래밍을 시작할 때, 키보드를
사용할 줄 모르는 아이들이 적지 않
은데, Scratch는 단순히 마우스로 선
택해서 블록을 배치하는 것뿐이기 때
문에 퍼즐을 맞추는 것처럼 쉽게 프
로그래밍을 할 수 있다.

소스코드를 공유할 수 있다

인스톨이 필요없고 웹 브라우저만 있으
면 프로그래밍 할 수 있다.
작성된 소스코드를 공개·공유할 수 있
기 때문에 다른 사람이 만든 소스코드
를 쉽게 참조할 수 있다.

에러가 발생하지 않는다

준비된 블록을 배치하는 것으로 프로
그램을 작성하기 때문에 문법 에러나
실행 시 에러가 발생하지 않는다.

2019년부터 시작되는 소프트웨어 교육

2019년부터 초등학교의 수업에서 프로그래밍이 도입된다는 뉴스로
인해 많은 교재가 개발되고 있다. '논리적 사고'나 '창조적 사고'로 표
현되는 것처럼 '프로그래밍 언어를 배운다'라는 개념보다도 '어떻게
컴퓨터에게 명령을 전달할까', '컴퓨터를 사용해서 현실세계에서 무엇
을 할 수 있을까'를 생각하는 것이 핵심이다.

기억해야 할 키워드

무대와 스프라이트

무대는 캐릭터를 표시하거나 프로그램의 결과를
표시하는 화면이고, 스프라이트는 무대에서 표시
되어 있는 캐릭터를 조작하는 기능이다.
Scratch에서는 스프라이트 단위로 처리를 작성할
수 있다.

Scratch GPIO

컴퓨터 교육 등에 사용되는 싱글 보드
컴퓨터인 'Raspberry PI'를 Scratch
에서 사용하기 위한 라이브러리.
Scratch에서 Raspberry PI 상의
LED를 켜고 끌 수 있다.

Scratch Day

세계 각국에서 매년 5월 경에
개최되고 있는 Scratch의 이
벤트. 워크숍이나 발표 등이
이루어지며, 아이부터 어른 그
리고 입문자부터 상급자까지
즐길 수 있는 축제.

(프 로 그 래 밍   예 제)   **하노이의 탑**

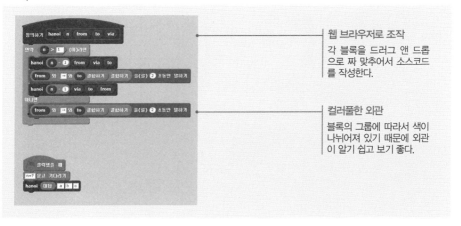

웹 브라우저로 조작
각 블록을 드러그 앤 드롭
으로 짜 맞추어서 소스코드
를 작성한다.

컬러풀한 외관
블록의 그룹에 따라서 색이
나뉘어져 있기 때문에 외관
이 알기 쉽고 보기 좋다.

sed 세드

커맨드라인에서 문자열을 치환!
정규표현식의 활용으로 일괄 변환을 구현

탄생
1973년
만든 사람
Lee E. McMahon
주요 용도
문자열 처리
분류
절차형/인터프리터

이런 언어

입력된 텍스트 데이터에 대해 행 단위로 텍스트의 내용을 변환하고 표준 출력으로 출력한다.
간단한 명령문이나 정규 표현식을 사용하여 텍스트를 편집할 수 있고, 대부분 한 줄의 명령으로 실행할 수 있다.
문자열 치환이 중심이기 때문에 입력된 문자열을 sed에서 편집한 후 awk로 처리하는 등의 방법이 사용되는 경우가 많다.

복수 파일의 일괄처리

커맨드 라인에서 여러 파일을 지정하여 일괄적으로 처리할 수 있다. 따라서 대량의 텍스트 데이터에 대해 일괄 처리를 실시할 때 편리하다.

비대화형 처리

미리 설정한 대로 일괄 처리를 하기 때문에 순차적 처리가 불필요하다.
이러한 에디터는 '스트림 에디터'라고 부르고 반대로 사람이 대화형으로 사용하는 에디터를 '스크린 에디터'나 '라인 에디터'라고 부른다.

주소를 지정한 처리

입력된 데이터의 행을 주소라고 부르고 어떤 행에 대해 어떤 처리를 할 것인지를 기술한다.
예를 들어, 아래 작업을 수행하면 세 번째 줄의 데이터를 출력하고 다른 데이터는 삭제한다.
'3p; d'

Column
KISS 원칙

UNIX의 철학 'Keep it Simple, Stupid'나 'Keep it Short and Simple'이라는 말이 적용되어 사물을 단순하게 유지하고 그 간단한 기능을 조합하여 구성하는 것을 말한다.
AWK와 sed는 그 대표적인 예라고 할 수 있다.

기억해야 할 키워드

패턴 스페이스

입력된 레코드를 넣기 위한 작업 공간.
일반적으로 이 패턴 스페이스의 내용에
대해 각 커맨드가 순서대로 실행된다.
모든 커맨드가 완료되면 패턴 스페이스의
내용이 출력된다.

주소

편집할 행을 지정하기 위해 행 주소,
행 범위 주소, 정규표현식 주소 등을
지정할 수 있다. 지정된 행에 대해 치
환 등의 편집 처리를 한다.

[3-5]

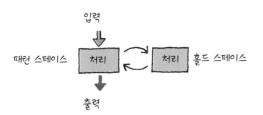

홀드 스페이스

패턴 스페이스의 내용을 복사 또는 패
턴 스페이스의 내용으로 교체하기 위
한 작업 공간이다. 일시적으로 보관
해두기 위한 버퍼로 사용된다.

(프 로 그 래 밍   예 제)   **하노이의 탑(hanoi.sed)**

```
# 하노이의 탑
# 실행 방법:echo xxx | sed -f hanoi.sed
# (x의 수로 단수를 지정)
s/^xx*$/:tabc&:/g
:LOOP
/^:$/ { d;q; }
h;s/^:[tf]\(\w\)\(\w\)\wx*:.*/\1 -> \2/g;x
/^:f\w\w\wx*:.*$/b BW
/^:t\w\w\wx:.*/b FW
s/:t\(\w\)\(\w\)\(\w\)x\(x*\):\(.*\)/:t\1\3\2\4:f\1\2\3x\4:\5/g
b LOOP
:FW
x;p;x
s/^:t\w\w\wx:\(.*\)/:\1/g
b LOOP
:BW
x;p;x
s/^:f\(\w\)\(\w\)\(\w\)x\(x*\):\(.*\)$/:t\3\2\1\4:\5/g
b LOOP
```

Smalltalk

스몰토크

메시지의 송신으로 처리를 표현!
객체지향형의 본보기가 된 언어

탄생
1972년
만든 사람
Alan Curtis Kay
주요 용도
교육
분류
함수형 · 객체지향형/컴파
일러

이런 언어

객체지향 프로그래밍의 본보기로서 나중에 개발된 많은 객체지
향 프로그래밍 언어에 큰 영향을 주었다. OS 개념을 포함한 '환
경'이라고 생각하면 이해하기 쉽다.
Smalltalk로 개발하기 위해서는 문법과 함께 개발 환경도 배울
필요가 있지만, 누구나 프로그래밍을 할 수 있는 것을 목표로 개
발되었기 때문에 GUI 도구가 준비되어 있는 것이 일반적이다.

사칙연산에 우선순위가 없다

기본적으로 왼쪽에서 오른쪽으로 처리
하기(메시지 보내기) 때문에 사칙 연산
의 우선순위는 없다.
따라서 1 + 2 * 3은 9가 된다. 순서를 지
정하려면 괄호를 사용해야 한다.

시스템 브라우저에 의한
클래스 작성

클래스의 작성, 편집 등의 작업을 수
행하는 화면으로 시스템 브라우저가
준비되어 있어서 객체지향에 익숙하
지 않은 사람이라도 현재의 작업 내
용을 쉽게 이해할 수 있다.

객체에 메시지를 송신

모두가 "객체"이며 객체끼리 주고
받는 "메시지 보내기"에 의해 처리
를 표현한다.
보낸 메시지의 결과가 돌아오기를
기다리는 동기화 프로세스이다.

Column

팰로앨토 연구소

PC에서 사용되는 마우스와 GUI, 이더넷이나 액정 디스플레이 등
제록스의 팰로앨토 연구소에서 발명된 것은 지금도 많이 사용되고
있다. Smalltalk도 그 중 하나이다.
스티브 잡스와 빌 게이츠도 방문했고, Macintosh나 Windows의
탄생에 영향을 준 것으로 알려져 있다.

기억해야 할 키워드

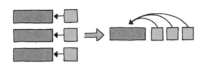

캐스케이드 식

앞에 있는 객체에 메시지를 연속적으로 전송한다. 메시지 식을 ";"로 구분해서 표현한다.

Dynabook

Smalltalk의 개발자인 앨런 케이가 제창한 이상적인 컴퓨터.
'모든 연령대의 "아이들"을 위한 개인용 컴퓨터'라는 논문에서 구상이 발표되었다.

VisualWorks와 Squeak

Smalltalk 환경의 하나.
VisualWorks는 상용 소프트웨어이지만 개인 사용자 용이 무료로 제공되고 있다.
Squeak는 많은 플랫폼에서 동작하는 오픈소스의 실행 환경이다.
초등학생도 사용할 수 있는 교육용 도구로 'Squeak Etoys'가 있는데 Scratch와 함께 자주 사용되고 있다.

프로그래밍 예제) **하노이의 탑(hanoi.st)**

```
"하노이의 탑"
Object subclass: Hanoi [
    exec: n from: f to: t via: v [
        (n > 1)
            ifTrue: [
                self exec: (n - 1) from: f to: v via: t.
                Transcript show: (f, ' -> ', t); cr.
                self exec: (n - 1) from: v to: t via: f]
            ifFalse: [
                Transcript show: (f, ' -> ', t); cr]
    ]
]

n := stdin nextLine asInteger.
h := Hanoi new.
h exec: n from: 'a' to: 'b' via: 'c'.
```

SQL 에스큐엘

탄생 이후 40년이 지나도 색이 바래지 않는 데이터베이스 조작 언어

탄생
1976년
만든 사람
IBM SanJose 연구소
주요 용도
RDB(관계형 데이터베이스)
분류
선언형

이런언어

관계형 데이터베이스에서 데이터의 조작이나 정의를 위한 언어. 데이터를 1건씩 처리하기보다는 데이터 집합에 연산을 수행하는 느낌으로 처리한다. 분석 함수 및 집약 함수 등 데이터 분석에 유용한 함수가 많이 준비되어 있다.
다른 프로그램에서 처리하는 데이터를 저장하는 데이터베이스를 사용하는 경우, 해당 데이터를 처리하는데 그 언어의 소스코드에 삽입하여 사용되는 경우가 많다.

데이터 조작뿐만이 아니다

SQL은 DDL, DML, DCL로 크게 나뉘며, 데이터의 조작뿐만 아니라 테이블의 정의와 관계 설정, 권한 부여 및 트랜잭션 제어 등을 실시한다.
※ DDL: 데이터 정의 언어
DML: 데이터 조작 언어
DCL: 데이터 제어 언어

제조사마다 다른 확장

표준 SQL이 존재하지만 개발되기까지 시간이 걸렸기 때문에, 각 제조사가 독자적으로 확장을 하고 있다.
따라서 사용자의 데이터베이스에 따라서 사용할 함수를 바꿔야 하는 경우도 있다.

관계 모델에 기초한 언어

데이터의 구조를 표 형식으로 표시하고 여러 표를 서로 연관 지을 수 있다.
관계 모델을 기반으로 하는 데이터베이스 관리 시스템(DBMS)에서 SQL은 사실상의 표준이 되어 있다.

Column

NoSQL

관계형 데이터베이스 관리 시스템 이외의 데이터베이스 관리 시스템을 가리키는 경우에 사용된다.
키밸류형 데이터 구조뿐만 아니라 XML 및 JSON과 같은 문서 중심의 데이터 구조를 갖는 것 등이 있다.

기억해야 할 키워드

RDBMS

관계형 데이터베이스 관리 시스템
(Relational Data Base Management
System)의 약자.
데이터를 표 형식의 열과 행으로 표현하
고 이용자가 관계 연산(투영, 결합 등)을
사용하여 저장되어 있는 데이터를 조작
하는 시스템.

저장 프로시저

데이터베이스에 대한 일련의 처리를 정리한 절차.
RDBMS에 저장된 하나의 요청에 여러 SQL문을
실행할 수 있기 때문에 네트워크에 대한 부하를
줄일 수 있다.
또한 동일한 데이터베이스를 여러 애플리케이션
에서 작업하는 경우, 개별적으로 SQL을 작성하는
것보다 유지 보수가 용이하다.

SQL 인젝션

SQL문을 빌드할 때 사용자의 입력 내용
을 사용하는 경우, 개발자가 예상하지 못한
SQL문을 실행함으로써 데이터베이스를
부정하게 조작하는 공격 방법.

프로그래밍 예제 **하노이의 탑(hanoi.sql)**

```
-- 하노이의 탑
CREATE TABLE input (v INTEGER);
.import /dev/stdin input
CREATE TABLE tower (val);
INSERT INTO tower VALUES ('a'),('b'),('c');
CREATE table move(seq, f1, t1, v1, f2, t2, v2);
INSERT INTO move SELECT 1, a.val, b.val, c.val, a.val, c.val, b.val
    FROM tower a CROSS JOIN tower b CROSS JOIN tower c
    WHERE (a.val <> b.val) AND (a.val <> c.val) AND (b.val <> c.val);
INSERT INTO move SELECT 2, a.val, b.val, c.val, a.val, b.val, '0'
    FROM tower a CROSS JOIN tower b CROSS JOIN tower c
    WHERE (a.val <> b.val) AND (a.val <> c.val) AND (b.val <> c.val);
INSERT INTO move SELECT 3, a.val, b.val, c.val, c.val, b.val, a.val
    FROM tower a CROSS JOIN tower b CROSS JOIN tower c
    WHERE (a.val <> b.val) AND (a.val <> c.val) AND (b.val <> c.val);
WITH RECURSIVE hanoi(n, f, t, v, s) AS (
    VALUES ((SELECT v FROM input), 'a', 'b', 'c', '')
  UNION ALL
    SELECT n - 1, f2, t2, v2, s || seq FROM hanoi
    LEFT OUTER JOIN move ON f = f1 AND t = t1 AND v = v1 WHERE n > 0
)
SELECT f || ' -> ' || t FROM hanoi WHERE v = '0' ORDER BY s;
```

Swift_

스위프트

Apple이 밀고 있는 최신 언어
iOS용 앱 개발에 투입 중

탄생
2014년
만든 사람
Chris Lattner
주요 용도
iOS 및 macOS 앱
분류
절차형 · 함수형 · 객체지
향형/컴파일러

(이 런 언 어)

iOS와 macOS을 위해 개발된 언어로 스크립트계 언어 등
여러 언어의 특징을 활용하고 있으며, Objective-C에 비
해 학습 비용이 낮은 것으로 알려져 있다.
또한 Objective-C로 작성된 클래스를 Swift에서 호출하
는 등 기존의 코드와 공존할 수 있기 때문에 과거의 자산
도 활용할 수 있다.
메모리 자동 관리나 변수의 초기화 등으로 Objective-C
에 비해 안전성도 향상되고 있다.

안전성을 중시

개발자가 의도하지 않은 작동을 방
지하기 위해 정적인 자료형 체크나
변수의 초기화 강제, 수치형 오버플
로우 검사, 자동 참조 횟수에 따른
메모리 관리 등을 탑재하고 있다.

현대적인 기능

최근 등장한 언어이기 때문에
다른 언어에 탑재되어 있는 클
로저와 튜플, 제네릭 프로그래
밍, Optional 타입 등 현대적인
기능을 채택하고 있다.

대화형으로 사용도 가능

REPL(Read-Eval-Print Loop)을
통해 콘솔에서 대화형으로 처리되는
값을 확인하는 것도 가능하다.
따라서 디버깅도 쉽게 되어 있다.

(Column)

try! Swift

Swift 관련 커뮤니티가 주최하는 컨퍼런스.
다양한 분야에 대한 세미나뿐만 아니라 워크숍형 해커톤 등도
열리고 있다.

기억해야 할 키워드

오픈소스화

Swift의 소스코드가 공개된 것으로, Apple 제품뿐만 아니라 Linux 환경이나 웹 애플리케이션의 개발에도 사용할 수 있게 되었다.
Apache 2.0 오픈소스 라이선스로 제공되고 있기 때문에 Swift를 자신의 소프트웨어에 통합할 수도 있다.

LLVM

모든 프로그래밍 언어에 대응 가능한 컴파일러 모듈. 컴파일 및 실행 등을 할 때 빠르게 실행할 수 있도록 최적화되어 있다.
Swift와 Objective-C는 LLVM에서 동작한다.

Swift Playgrounds

iPad용 앱으로 제공되는 실행 환경에서 Xcode의 Playground처럼 사용할 수 있다. Swift의 동작이나 로직의 확인이 가능할 뿐만 아니라, 어린이를 위한 학습 환경으로 사용할 수 있도록 배려되어 있다.

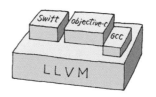

프로그래밍 예제 **하노이의 탑(hanoi.swift)**

```
/*
하노이의 탑
*/
func hanoi(n:Int, from:String, to:String, via:String) {
  if (n > 1) {
    hanoi(n: n - 1, from: from, to: via, via: to)
    print("\(from) -> \(to)")
    hanoi(n: n - 1, from: via, to: to, via: from)
  } else {
    print("\(from) -> \(to)")
  }
}

// 표준 입력에서 단수를 받아서 실행
let n: Int = Int(readLine()!)!
hanoi(n: n, from:"a", to:"b", via:"c")
```

함수 호출 시의 레이블

함수 호출 시 Swift 2까지는 두 번째 이후의 인수에 대해 레이블이 필요했다. Swift 3.0에서는 첫 번째 인수에도 레이블이 필요하게 되어 있다.

Tcl 티클

애플리케이션의 삽입이 쉽다!
셸 스크립트 풍의 언어

탄생
1988년
만든 사람
John Ousterhout
주요 용도
데스크톱 앱, 전자기기설계(EDA 툴)
분류
절차형/인터프리터 · 컴파일러

이런언어

GUI를 취급하는 Tk와 같이 사용되는 경우가 많으며, 'Tcl/Tk' 처럼 합쳐서 부르는 경우도 많다. 간단한 문법 덕분에 학습 비용이 낮다.
Tcl 커맨드 이외의 것을 작성하면 외부 명령으로 실행할 수 있다. 간단한 셸인 tclsh로 대화형 처리를 수행할 수도 있고 스크립트로써 사용할 수도 있다.

EDA 업계에서의 사용

Synopsys 및 Mentor Graphics, Altera 등 EDA(전자기기 설계 자동화) 업계에서 표준 툴로 사용되고 있다.

모든 것이 문자열

정수와 소수 등을 포함하여 상수와 변수에 저장된 값은 모두 문자열로 취급된다.
사칙연산이 필요한 경우, expr 커맨드의 인수로 평가하고 사용한다.
그러나 내부적으로는 고속화를 위한 각각의 타입이 있다.

커맨드와 구문의 구별이 없다

각 행은 하나의 리스트이고, 앞의 요소가 커맨드, 그 뒤의 요소가 커맨드에 대한 인수로 처리된다. if나 switch 등의 조건 분기, for 또는 while과 같은 루프도 커맨드이다.

Column

다양한 OS에 사용되는 GUI를 구현하는 Tk

Tk와 함께 사용하면 UNIX계 OS뿐만 아니라 Windows와 같은 환경에서도 GUI 앱을 쉽게 개발할 수 있다.
예를 들어, 버전 관리 시스템 Git을 GUI에서 사용하기 위한 소프트웨어인 GitGUI는 Tcl/Tk로 개발되고 있다.

기억해야 할 키워드

Expect

Tcl을 기반으로 개발된 도구. telnet이나 ssh, ftp, passwd, fsck, rlogin 등의 대화형 애플리케이션을 자동화 할 수 있다. Python의 'Pexpect', Ruby 또는 Perl의 expect 모듈 등 다른 언어에도 이식되어 있다.

내장 커맨드

Tcl에서 미리 구현되어 있는 커맨드로 C언어로 구현되어 있다.
내장 커맨드 이외에도 이용자가 C언어 등을 사용하여 만든 '확장 커맨드'를 로드하여 사용할 수도 있다.

Tclet

웹 브라우저 상에서 Tcl/Tk 응용 프로그램을 실행할 수 있는 플러그인. 파일 조작 등은 할 수 없지만, 많은 웹 브라우저가 지원하고 있다.

프로그래밍 예제 · **하노이의 탑(hanoi.tcl)**

```
# 하노이의 탑
proc hanoi {n from to via} {
    if {$n > 1} {
        hanoi [expr {$n-1}] $from $via $to
        puts "$from -> $to"
        hanoi [expr {$n-1}] $via $to $from
    } else {
        puts "$from -> $to"
    }
}

# 표준 입력에서 단수를 받아서 실행
set n [gets stdin]
hanoi $n "a" "b" "c"
```

커맨드 라인의 실행
[과]로 감싸진 부분의 내용은 커맨드 라인으로 간주되어 실행되고 그 결과가 반환된다.

TypeScript

타입스크립트

Microsoft가 만든 가장 인기있는 AltJS
JavaScript로 진행되는 대규모 개발을 위해서!

탄생
2012년
만든 사람
Microsoft
주요 용도
웹 브라우저
분류
절차형 · 함수형 · 객체지
향형/트랜스파일러

이런언어

JavaScript로 변환하여 사용하는 중간 언어로 Java 또는 C# 같
은 문법을 가진다.
정적 타이핑을 할 수 있을 뿐 아니라 접근 제어자 범위를 한정할
수 있기 때문에 대규모 프로젝트에 적합하다고 할 수 있다.
TypeScript 컴파일러 자신도 TypeScript로 구현되어 있으며,
오픈소스로 개발되고 있다. Visual Studio에서도 개발할 수 있
기 때문에 디버깅도 쉽다.

정적 타이핑

JavaScript나 다른 AltJS가 동적 타
이핑 언어인데 반해, TypeScript는
정적 타이핑 언어이다. 따라서 의도
하지 않은 값이 저장되는 것을 예방
하도록 실행 전에 검사가 가능하다.

IDE 에디터를 사용할 수 있다

Microsoft에 의해서 개발되었기 때
문에, Visual Studio 같은 IDE를 사
용할 수 있다. 코드 자동 완성 및 리
팩토링을 지원하기 때문에 초보자도
알기 쉽다.

변환이 쉽다

JavaScript 소스코드는 그대로 TypeScript
의 소스코드로 사용할 수 있기 때문에 기존
소스코드를 일단 그대로 살려 변수 자료형을
추가하는 등의 방법이 있다.

Column

Haxe와의 비교

TypeScript과 자주 비교되는 언어로 'Haxe'가 있다.
Hexe도 마찬가지로 JavaScript로 변환할 수 있지만, Java 및 C#,
PHP나 Python 등으로도 변환할 수 있다.
다만, 현실적으로는 JavaScript로 변환해서 사용하는 경우가 많아
TypeScript 쪽이 압도적으로 인기가 높다.

TypeScript

기억해야 할 키워드

모듈

클래스를 그룹으로 나누어 관리
할 수 있기 때문에 대규모 개발에
유리하다.
CommonJS 형식이나 AMD
(Asynchronous Module
Definition) 형식의 모듈을 지원하
고 있다.

AngularJS

오픈소스로 개발되는 프론트엔드 웹 애플
리케이션 프레임워크. JavaScript로 작성
되었으며, 버전 2부터 TypeScript가 권장
되고 있다.

Playground

공식 사이트에서 제공되는 서비스
로 온라인에서 JavaScript로 변환
내용을 확인하면서 프로그램을 수
정할 수 있다.

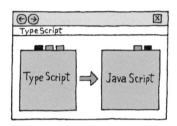

프로그래밍 예제 **하노이의 탑(hanoi.ts)**

```
// 하노이의 탑
function hanoi(n: number, from: string, to: string, via: string) {
    if (n > 1) {
        hanoi(n - 1, from, via, to);
        print(from + ' -> ' + to);
        hanoi(n - 1, via, to, from);
    } else {
        print(from + ' -> ' + to);
    }
}

// 표준 입력에서 단수를 받아서 실행
var n = readline()
hanoi(n, "a", "b", "c");
```

Unlambda

언람다

열심히 봐도 이해하기 어렵다!
람다 계산에 기초한 난해 언어

탄생
1999년
만든 사람
David Madore
주요 용도
프로그래밍 연습 외
분류
함수형 언어

이런 언어

컴퓨터 과학에서 'SKI 컴비네이터 계산'에 근거한 함수형
언어의 하나.
제공되는 내장함수가 적기 때문에 기억할 것은 별로 없
지만, 한 번 쓴 소스코드를 나중에 사람이 다시 읽는 것은
매우 어려운 난독 언어. 튜링 완전한 언어이기도 하다.
버전 2부터 외부로부터의 데이터 입력도 지원할 수 있게
되었다.

함수의 인수는 하나뿐

Unlambda에서 함수는 인수를 하나
만 가지고 하나의 값을 돌려 준다.
이때 인수도 반환 값도 함수이다.
여러 인수를 취하는 함수를 취급하
려면 '커링'을 사용한다.

함수가 유일의 객체

처리는 함수 호출만으로 실행되
고 모든 객체는 함수이다.
기본이 되는 것은 12개의 내장
함수와 함수 적용뿐이며, 수치나
문자열 등은 기본으로 내장되어
있지 않다.

람다 계산과 람다식

람다 계산은 함수에 전달된 인수의 평가와
함수를 적용하여 계산하는 모델이며, 튜링
기계와 동등한 모델을 만들 수 있다.
람다 계산에 의해 계산 가능한 모든 함수를
표현할 수 있어 그 식을 람다식이라고 한다.

Column

역 따옴표를 많이 사용

대부분의 프로그래밍 언어에서 역 따옴표를 사용하는 장면을 보면
셸 커맨드를 실행하는 장면 정도만 떠오른다.
하지만, Unlambda을 사용하면 대량으로 역 따옴표를 입력하는 경
우가 있어서 키보드의 조작 시 당황하는 경우가 많다.

기억해야 할 키워드

I = SKK

SKI 컴비네이터 계산

컴퓨터 과학 분야에서 계산을 단순화한 모델로 모든 계산을 함수로 모델링할 수 있다.

'S', 'K', 'I'라는 3개의 컴비네이터를 사용한다('I'는 'S'와 'K'로 표현할 수 있으므로, SK 컴비네이터라고도 함).

Church Numerals

람다 식으로 자연수를 표현하는 방법. Unlambda에는 수치가 존재하지 않기 때문에 함수를 사용하여 값을 계산하고 자연수를 정의한다.

예를 들면, 첫 번째 제로를 정의한 후, 그후 1을 더하는 함수를 생각해 볼 수 있다.

$$0 = \lambda f. \lambda x. x$$
$$1 = \lambda f. \lambda x. f x$$
$$2 = \lambda f. \lambda x. f(f(x))$$
$$3 = \lambda f. \lambda x. f(f(f(x)))$$

Lazy K

Unlambda에서 불필요한 것들을 제거하고 내장 함수가 3개만 남도록 변경한 순수 함수형 언어.

Unlambda가 비순수 함수형 언어인 반면, Lazy K는 순수 함수형 언어이다.

프로그래밍 예제 **피보나치 수열을 표시(fibonacci.unl)**

```
#  피보나치 수열을 '*'의 수로 출력
#  (Unlambda의 공식 사이트에 있는 샘플)
#  http://www.madore.org/~david/programs/unlambda/

```s``s``sii`ki
 `k.*``s``s`ks
``s`k`s`ks``s``s`ks``s`k`s`kr``s`k`sikk
 `k``s`ksk
```

실행결과

```
*
*
**
***
*****
********
*************
*********************
**********************************
*******************************************************
～이하 생략～
```
```

Visual Basic

비주얼 베이직

(Visual Basic .NET)
Windows의 업무용 앱에 지금도 건재!
Microsoft를 지탱한 언어

탄생
2001년
만든 사람
Microsoft
주요 용도
Windows 앱 개발,
Office 앱 개발,
웹 앱 개발, 교육
분류
절차형 · 객체지향형/
컴파일러

(이 런 언 어)

Windows에서 실행되는 애플리케이션 개발 환경
으로 Windows 등장 당시부터 많이 사용되고 있었
다. BASIC을 기준으로 한 구문이며, 초보자를 위한
프로그래밍 언어라고 할 수 있다.

기업의 내부 시스템과 무료 소프트웨어 개발 등에
서도 많이 사용되고 있으며, 지금도 과거의 유산으
로 남아있는 것이 드물지 않다.

Office 매크로에서 사용되는 VBA와도 닮아있어 개
발자의 수는 매우 많다.

VB와 VB.NET의 차이가 크다

.NET Framework 등장 이전
의 Visual Basic과 등장 이후
Visual Basic .NET은 같은 언
어임에도 불구하고 문법 등에서
도 다른 부분이 많다.

RAD의 원조

버튼이나 텍스트 상자 같은 컨트
롤을 마우스로 배치하는 스타일로
개발한다.

각 컨트롤에서 발생한 이벤트에
대한 처리를 기술하기 때문에 초
보자도 알기 쉽다.

RAD는 Rapid Application
Development의 약자이다.

입문용 서적이 풍부

초보자도 배우기 쉬운 언어이기 때문
에 입문용 책이 풍부하고, 인터넷에
많은 튜토리얼이 존재한다.

(Column)

서포트 기간이 길다

최근에는 웹 브라우저에서도 최신 버전만을 지원하는 경우가 늘어나
고 있다.

반면에 Visual Basic에 관해서는 Visual Basic 6.0 런타임이 아직
지원되고 있다. 따라서 개발 환경의 지원이 종료된 후 10년 가까이 지
났음에도 불구하고, 아직도 기존의 응용 프로그램이 동작하고 있다.

Microsoft
Visual Basic 6.0

기억해야 할 키워드

VBA

Word, Excel 및 Access와 같은 오피스 애플리케이션의 매크로를 작성할 수 있는 언어. Visual Basic과 비슷한 표현이며, 수작업을 자동화하기 위해 자주 사용된다.

런타임 라이브러리

VB.NET의 등장 이전에는 Visual Basic에서 개발한 애플리케이션을 배포할 경우, 런타임 라이브러리도 같이 배포해야 했다.

VBScript

Visual Basic 풍의 스크립트 언어로 Windows 및 IIS, 웹 브라우저 등으로 동작한다.
메모장만으로 개발할 수 있는 등 편리하지만 컴퓨터 바이러스를 만드는데 사용되는 경우도 많다.

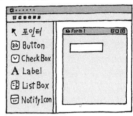

(프 로 그 래 밍 예 제) **하노이의 탑(hanoi.vb)**

```vb
Imports System

' 하노이의 탑
Public Class Hanoi
    Public Sub Exec(n As Integer, from As String, to_ As String, _
                    via As String)
        If n > 1 Then
            Call Exec(n - 1, from, via, to_)
            Console.WriteLine(from & " -> " & to_)
            Call Exec(n - 1, via, to_, from)
        Else
            Console.WriteLine(from & " -> " & to_)
        End If
    End Sub

    Public Shared Sub Main()
        ' 표준 입력에서 단수를 받아서 실행
        Dim n As Integer
        n = Console.ReadLine()
        Dim h As New Hanoi
        h.Exec(n, "a", "b", "c")
    End Sub
End Class
```

● ─── 결합과 덧셈
문자열의 결합은 '&' 숫자의 덧셈은 '+'를 사용한다.

Whitespace

탄생
2003년
만든 사람
Edwin Brady/
Chris Morris
주요 용도
프로그래밍 연습 외
분류
명령형/인터프리터

화이트스페이스

인쇄해도 공백뿐이지만 실행할 수 있다
코멘트도 자유롭게 마음껏 쓸 수 있다!

이런 언어

이름처럼 소스코드가 흰 공백으로 보이는 언어.
2진수로 표현한 값을 스택에 쌓는 것으로 처리해서,
난해한 프로그래밍 언어로 분류된다.
보는 것만으로는 프로그램이 적혀 있는 것을 알 수
없기 때문에 데이터의 은폐 기술인 '스테가노그라피
(Steganography)'로 취급되는 경우도 있다. 만우절
에 공개되었지만, 장난을 위한 것은 아니라고 알려
져 있다

눈에 보이지 않는다

공백, 탭, 개행 만으로 이루어진 소스코
드이므로 그냥 보는 것만으로는 차이를
알 수 없다.
인쇄해도 모두 흰색이라서 잉크는 소비
되지 않는다.

스페이스, 탭, 개행 이외의
문자는 주석

처리에 사용되는 것은 공백, 탭, 개행
뿐이므로 그들을 사이에 끼워 코멘트
를 자유롭게 쓸 수 있다.
문자든 기호든 자유롭게 사용할 수
있다.

2진수이지만 보수 표현은
사용하지 않는다

수치를 스택에 쌓을 때 2진수를 사용하
지만 앞에 부호 비트를 부가한다.
따라서 자리수를 지정한 2의 보수 표현
을 사용할 필요가 없다.

Column

에디터의 자동 인덴트

최근의 텍스트 편집기 대부분은 자동 들여쓰기 기능을 갖추고 있
다. 따라서 처음에 탭 문자가 입력되는 경우, 다음 줄의 시작 부분
에 자동으로 탭이 도입될 수 있다.
Whitespace에서는 탭이 의미를 가지고 있기 때문에 이 기능이
활성화되어 있으면 소스코드 작성이 매우 귀찮아진다.

기억해야 할 키워드

힙

데이터를 저장할 때 Whitespace에 의해 자동으로 할당되는 '스택'뿐만 아니라 애플리케이션에서 자유롭게 주소를 지정할 수 있는 '힙'이 존재한다.
따라서 주소를 지정한 값의 저장 및 추출이 가능하다.

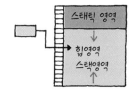

IMP

Instruction Modification Parameter의 약자. 모든 명령은 IMP에 의해 분류되어 있으며, IMP + 커맨드 + 매개 변수로 구성된다.

[Space] ⟶ 스택 조작
[Tab] [Space] ⟶ 연산
[Tab] [Tab] ⟶ 힙 액세스
[LF] ⟶ 플로우 제어
[Tab] [LF] ⟶ ⅟₀

ASCII코드

Whitespace는 문자를 표현하는 경우도 2진법 수치 이외는 사용할 수 없기 때문에 ASCII 코드를 사용하지 않으면 문자를 입출력할 수 없다.
예) 'A'→ '65', 'B'→ '66'...

A → 65
B → 66
C → 67
D → 68
E → 69
F → 70

(프 로 그 래 밍 예 제) **하노이의 탑(hanoi.ws)**

⌴은 공백, ⇨은 탭, ⌐은 개행

프로그래밍 언어를 선택할 때 알아야 할 키워드

프로그래밍에 관한 기초 지식

개발 환경과 실행 환경

텍스트 에디터와 통합 개발 환경

프로그래밍을 할 때 준비해야 할 것은 컴파일러나 인터프리터뿐만이 아닙니다. 우선 작성하고 싶은 프로그램의 소스코드를 입력할 필요가 있습니다. 대부분의 프로그래밍 언어에서 소스코드는 단순한 텍스트 파일이기 때문에 Windows의 메모장 등을 써서 작성할 수도 있습니다.

하지만 효율적인 개발 측면에서 생각하면 소스코드를 보기 쉽게 하기 위해서 인덴트를 갖추고 있고 예약어 등을 색으로 표현하거나 긴 변수명을 자동완성하는 등의 부가 기능이 있는 것이 큰 도움이 됩니다. 이처럼 기능을 갖춘 개발 환경으로 어떤 환경이 좋을지는 프로그래밍 언어에 따라서 다르고, 프로그래머에 따라서도 다릅니다.

예를 들면 크게 나누어서 '텍스트 에디터'와 '통합 개발 환경'이 사용됩니다. 텍스트 에디터로는 Emacs나 Vi 같이 오래된 에디터뿐만 아니라 최근에는 Atom이나 Sublime text, Visual Studio Code 등도 많이 사용되고 있습니다.

한편 통합 개발 환경으로는 언어에 맞추어서 제공되는 Visual Studio나 Xcode와 같은 제품, 오픈소스인 Eclipse나 IntelliJ IDEA와 같은 툴도 사용되고 있습니다.

각각 장점과 단점이 있고 프로그래머들 사이에서도 어느 쪽이 좋은지 자주 논쟁이 있습니다. 예를 들면 텍스트 에디터 쪽이 일반적으로는 시작하는데 걸리는 시간이 짧습니다. 소규모 개발이라면 바로 개발에 착수할 수 있는 것이 큰 강점이고 조작이 간단해서 기억할 것도 적습니다. 또 고기능인 에디터를 사용하면 세심한 커스터마이즈가 가능한 경우도 많아서 유연한 대응이 가능합니다.

한편, 개발 규모가 커지면 통합 개발 환경의 장점이 늘어납니다. 복수 파일 간의 연동이나 개발을 지원하는 기능 등이 풍부하게 탑재되어 있고 GUI에 의한 조작이 쉽다는 특징이 있습니다. 소프트웨어 개발에 필요한 기능이 한곳에 모여 있어서 한 번 설정하면 동일한 인터페이스로 조작할 수 있는 것도 장점입니다.

대부분의 경우 자신의 취향에 따르거나 익숙한 것을 고르지만 주변 사람들과 같은 것을 사용하면 모르는 것이 있을 때에는 질문하기 쉽습니다. 프로그래밍 언어에 따라서 사용하기 쉬운 개발 환경이 한정될지도 모르겠지만, 가능한 많은 환경을 시험해 보고 각각의 개발 환경의 특징을 알고 능숙하게 사용할 수 있는 것이 좋습니다.

빌드와 배포

스크립트 언어로 쓴 작은 프로그램을 인터프리터로 직접 실행하는 경우는 큰 작업이 필요 없습니다. 개인적으로 쓸 소규모 프로그램을 컴파일 할 경우도 해당 소스코드를 컴파일 하는 것만으로 실행할 수 있습니다.

하지만 대규모 소프트웨어를 여러 사람이 개발하게 되면 컴파일러 만으로는 부족합니다. 예를 들면 아래와 같은 작업이 필요하게 됩니다.

- 컴파일(소스코드를 바이트코드로 변환하는 것 등)
- 라이브러리의 조사(배포에 필요한 라이브러리를 같이 넣어준다)
- 테스트(배포 전에 자동적으로 테스트가 가능하면 실행한다)
- 설정 파일을 작성(실행에 필요한 설정이 환경에 의해서 다른 경우 작성한다)
- 패키지화(복수의 파일을 배포하기 쉽게 정리한다)
- 배치(이용하는 환경에 맞추어서 배치한다)

> 일반적으로 컴파일 실행이나 라이브러리를 링크해서 패키지화를 하는 단계를 '빌드', 웹 애플리케이션 등을 이용 가능한 환경에 올려두는 것을 '배포'라고 부릅니다.

소스코드를 변경한 경우는 이 작업을 매번 실시해야 합니다. 만약 작업을 빠뜨리면 프로그램이 동작하지 않거나 에러가 발생하는 등의 트러블이 일어나게 됩니다.

그래서 많은 개발현장에서는 가능한 자동화를 해주고 있습니다. 자동화를 해주는 툴이 '빌드 툴'입니다. 자주 사용되고 있는 빌드 툴로는 GNU Make, Ant, Maven, Gradle 그리고 최근에는 Bazel 등이 있습니다.

최근의 언어 중에는 빌드 툴이 프로그래밍 언어의 배포 패키지에 포함되는 것이 늘어나고 있고 환경 구축이 쉬워지고 있습니다. 만약 수작업으로 매번 빌드하고 있는 경우는 빌드 툴을 사용하도록 해 두면 여러 번 수정을 하는 경우에도 도움이 됩니다.

최근에는 '계속적 인터그레이션(integration)'이라는 단어를 자주 듣게 됩니다. 이것은 애플리케이션 개발 시에 빌드에서 테스트까지 실행해 지속적으로 릴리스 할 수 있는 상태를 유지하는 개발 방법입니다. 이것을 실제로 사용하기 위해서는 소스코드 버전 관리가 되고 있는 것은 물론, 빌트 툴을 시작으로 복수의 툴을 연계시켜 자동화하는 것이 중요합니다.

테스트 툴과 도큐먼트 생성

소프트웨어 개발 현장에 있어서 반드시 발생하는 것이 테스트입니다. 디버그라고도 불리는 결함을 제거하는 작업뿐 아니라 요구되는 사양을 충족하고 있는 지를 확인합니다. 유닛 테스트나 결합 테스트, 시스템 테스트 등 개발 공정 속에서 반드시 테스트가 이루어집니다.

소스코드를 수정했을 때, 해당 부분만을 테스트하면 편하겠지만 다른 부분에 영향을 주는 경우도 있습니다. 그래서 가능한 한 자동화된 방식으로 테스트를 하기 위해서 '테스트 툴'이 사용됩니다.

예를 들면, 유닛 테스트를 자동화 하는 툴로는 xUnit이 유명합니다. Java의 경우는 JUnit, PHP의 경우는 PHPUnit, Python의 경우는 PyUnit과 같이 언어 별로 테스트 툴이 준비되어 있습니다.

또 계속적으로 빌드, 테스트, 배포 등의 처리를 자동적으로 행하는 툴로는 Jenkins 등도 자주 사용되고 있습니다. 소스코드에 변경이 발생했을 경우에 그 변경을 발견해서 실행하거나 매일 같은 시간에 실행하는 등의 사용 방법이 있습니다.

마찬가지로 자동화하고 싶은 것이 문서의 생성입니다. 소프트웨어를 개발할 때 사전에 사양서 등을 작성하지만, 보수 단계가 되면 소스코드는 수정해도 사양서의 수정은 잊는 등 사양서와 소스코드 기술이 일치해야 하는데, 그렇게 하지 못하는 경우가 적지 않습니다.

그래서 소스코드 안에 코멘트로 문서의 근원이 되는 기술을 하고, 컴파일을 할 때 자동적으로 문서를 생성하는 방법이 있습니다. 예를 들면 Java에서 자주 사용되는 JavaDoc나 .NET용인 DocFx, PHP용인 phpDocumentor나 범용적인 Doxygen 등이 유명합니다.

이러한 테스트 툴이나 문서 생성 툴을 갖추고 있는 프로그래밍 언어를 선택하면 유지보수성이 높아질 것입니다.

프레임워크와 패키지 매니저

최근 프로그래밍 언어는 어떤 환경에서든 실행할 수 있도록 준비되어 있는 경우가 늘고 있습니다. 언어의 문법이나 사용의 용이성 보다 프레임워크나 라이브러리가 충실한 것이 주목받고 있습니다.

예를 들면 웹 애플리케이션을 개발할 경우 PHP나 Ruby와 같은 언어에서는 처음부터 다 작성하는 것보다도 프레임워크를 사용하는 것이 일반적입니다. 예를 들면 PHP의 경우는 CakePHP나 Laravel, Ruby의 경우는 Ruby on Rails 등이 있습니다.

수치계산이나 인공지능에 관한 라이브러리도 차례차례로 등장하고 있습니다. 이것들을 사용하는 것으로 원하는 기능을 쉽게 구현할 수 있는 경우가 많고 해당하는 라이브러리가 준비되어 있는 프로그래밍 언어를 선택하는 경우도 있습니다.

이런 라이브러리가 준비되어 있는 것은 장점인 한편, 다운로드한 라이브러리를 어떻게 관리하는지에 관한 문제가 있습니다. 한 번 다운로드하면 갱신되지 않기 때문에 혹시 대상 라이브러리가 버전업이 되어도 알 수 없습니다. 결함이나 취약성이 남아 있어도 그대로 계속 사용하기 쉽습니다.

그래서 Windows의 Windows Update처럼 자동적으로 최신 버전을 체크하거나 갱신을 적용하거나 하는 툴이 필요하게 되었습니다. 이것을 실현하기 위해 '패키지 매니저'라고 불리는 툴을 갖춘 언어가 늘고 있습니다.

예를 들면, PHP에서는 Composer, .NET에서는 NuGet, Ruby라면 RubyGems 등을 들 수 있습니다. 패키지 매니저를 사용하면 도입된 프레임워크나 라이브러리 등의 패키지를 도입할 뿐만 아니라 갱신이나 삭제 등도 간단해집니다. 물론, 도입할 라이브러리에 필요한 다른 라이브러리를 조사해, 의존 관계를 파악한 다음에 도입하는 것도 가능해서 도입 시의 트러블을 줄이는 결과로 이어집니다.

프로그래밍 언어를 선택할 때 알아야 할 키워드

구현 기법

스택과 큐

메모리 상에서 데이터를 보존할 때, 보관하고 꺼내는 방법으로 '스택'과 '큐'가 있습니다.

> 스택은 'LIFO(Last In First Out, 후입선출)' 또는 'FILO(First In Last Out)'으로도 불리고 마지막에 들어간 것을 먼저 꺼내는 방식입니다. 스택에 데이터를 넣는 것을 푸시(push), 스택에서 데이터를 꺼내는 것을 팝(pop)이라고 부릅니다.

함수 호출 등의 서브 루틴 처리에서 사용될 뿐만 아니라 깊이 우선 탐색 등의 처리를 구현할 때에는 필수 데이터 구조라고 할 수 있습니다.

> 한편 큐는 'FIFO(First In First Out): 선입선출'이라고 불리고 먼저 들어간 것을 먼저 꺼내는 방식입니다. 큐에 데이터를 넣는 것을 인큐(enqueue), 큐에서 데이터를 꺼내는 것을 디큐(dequeue)라고 합니다.

데이터를 입력된 순서로 처리할 필요가 있을 경우나 너비 우선 탐색 등의 처리를 구현할 때에 사용됩니다.

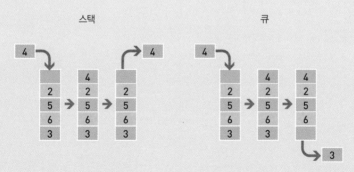

많은 프로그래밍 언어에서는 스택과 큐를 구현한 라이브러리가 준비되어 있고 쉽게 다룰 수 있습니다. 물론 직접 구현하는 것도 가능하지만 자주 사용하는 처리가 프로그래밍 언어에 표준으로 갖추어져 있는지, 별도의 라이브러리가 필요한지 등을 확인해 봅시다.

폴란드 표기법과 역 폴란드 표기법

계산식 기술방법으로 사람들이 쉽게 이해하는 것은 '중위 표기법'입니다. 예를 들면 '1+2*3'이라고 쓰여 있으면 곱셈을 우선해서 7이라고 계산할 수 있습니다. 이처럼 '연산자를 숫자 사이에 두는' 기법을 이르는 것으로 연산 순서를 바꾸는 경우는 '(1+2)*3'처럼 괄호를 사용합니다.

이 표기법은 사람에게는 알기 쉽지만 컴퓨터로 처리하는 경우 연산자 우선순위 등을 고려해서 실행하는 것은 번거로운 일입니다. 그래서 표기 순서를 바꾼 폴란드 표기법이나 역 폴란드 표기법이 사용됩니다.

> 폴란드 표기법은 '전위 표기법'이라고 불리고 처리하는 숫자의 앞에 연산자를 씁니다. 반대로 역 폴란드 표기법은 '후위 표기법'이라고 불리고 처리하는 숫자의 뒤에 연산자를 씁니다.

이것들을 정리하면 아래의 표처럼 됩니다.

표기법	기술 예 1	기술 예 2
중위 표기법	1+2*3	(1+2)*3
폴란드 표기법	+1*23	*+123
역 폴란드 표기법	123*+	12+3*

이런 방식으로 쓰면 연산자의 우선순위를 의식하지 않고 앞에서 순서대로 처리할 수 있기 때문에 구현이 쉬워집니다. 이것은 계산뿐 아니라 프로그래밍 언어 구현에서도 마찬가지입니다.

예를 들면 LISP과 같은 언어는 폴란드 표기법이고, Forth나 PostScript 등의 언어는 역 폴란드 표기법이라고 할 수 있습니다.

역 폴란드 표기법의 경우 스택을 사용하는 것으로 쉽게 구현할 수 있습니다. 그림처럼 입력된 데이터를 순서대로 스택에 쌓아가면서 연산자가 나타나면 스택에서 꺼내서 처리하면 되기 때문입니다. 이처럼 프로그래밍 언어를 설계할 때에는 컴퓨터 시점에서 생각하는 것도 필요하다는 것을 알 수 있습니다.

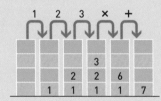
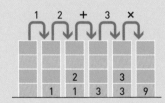

가비지 컬렉션에 의한 메모리 관리

메모리를 확보할 때 구현 시에 필요한 양을 확보해 둘 뿐 아니라, 입력된 데이터 양에 맞추어서 구현 시에 확보할 경우가 있습니다. 이 때문에 메모리는 프로그래머가 원하는 타이밍에 동적으로 확보할 수 있습니다.

C언어와 같은 언어에서는 확보한 메모리를 해제하는 처리를 프로그래머가 명시적으로 하지 않으면 안 됩니다. 만약 프로그래머가 해제 처리를 하지 않으면 불필요한 영역을 확보한 채 남겨두기 때문에, 경우에 따라서는 메모리 부족에 빠지는 '메모리 누수'라고 불리는 상황이 발생해 버립니다.

그래서 최근에는 많은 언어가 사용되지 않게 된 메모리를 자동적으로 해방하는 '가비지 컬렉션 '이라는 기능을 가지고 있습니다. 예를 들면 대상 메모리 영역을 참조하고 있는 포인터가 없어졌을 때 그 메모리 영역을 해제하는 등의 방법이 사용됩니다. 이것에 의해서 메모리 누수를 막을 수 있어서 소프트웨어가 안정적으로 동작하는 결과로 이어집니다.

프로그래밍 언어를 선택할 때에도 가비지 컬렉션을 갖춘 언어를 선택하면 프로그래머가 고민할 부분이 적어지고, 결함 발생 부분이 줄고, 개발 효율이 향상되는 결과를 기대할 수 있습니다.

하지만 가비지 컬렉션에도 약점이 있습니다. 그것은 가비지 컬렉션이 동작하는 타이밍은 일반적으로 프로그래머가 제어할 수 없다는 것입니다. 가비지 컬렉션은 LISP에서 도입된 기능이라고 알려져 있는데 LISP에서는 가비지컬렉션이 동작하면 처리가 일시적으로 멈추어 버리는 것 같은 방식으로 동작해 일반 사용자는 당황하게 될 가능성도 있습니다.

가비지 컬렉션은 다양한 방법이 제안되고 있을 뿐만 아니라 최근 하드웨어의 성능 향상도 있어 큰 영향을 미치는 경우는 없지만 알아 두어야 할 부분입니다.

병렬 처리와 병행 처리

최근의 컴퓨터의 성능 향상을 조사할 때 뺄 수 없는 것이 '멀티코어 CPU'의 등장입니다. 무어의 법칙의 한계가 보이기 시작해 CPU 주파수의 성장이 멈추었다고 느끼고 있는 사람이 많을 것 같습니다. 그래서 복수의 코어를 하나의 칩에 싣는 것으로 복수의 작업을 동시에 해서 처리 속도를 향상시키는 방법이 이용되고 있습니다.

많은 사람이 사용하는 저가 PC라도 멀티코어 CPU가 탑재되고 스마트폰에서도 쿼드 코어 CPU가 드물지 않게 보입니다. 이런 현상으로 소프트웨어 관점에서 어떤 활용이 가능한지 생각해보겠습니다.

자주 듣는 단어 중 하나로 '멀티태스크'가 있습니다. 'Windows는 멀티태스크의 OS'와 같은 방식으로 사용되어 복수의 처리를 동시에 실행할 수 있는 것을 가리킵니다.

다만 동시에 실행할 수 있다고 해도 지금까지는 CPU가 1개만 탑재되어 있었습니다. 그래서 단시간에 처리를 바꾸는 것으로 복수의 처리를 동시에 실행하고 있는 것처럼 보이도록 했습니다.

> 프로그램이라는 단위에서 생각할 때는 '프로세스'나 '스레드'라는 단어가 등장합니다. 프로세스는 OS의 시점에서 본 실행의 단위입니다. 한편 스레드는 1개의 프로세스의 안에서의 처리 단위입니다. 즉 한 개의 프로세스 안에서 복수의 스레드가 동작할 수 있습니다.

이처럼 복수의 처리를 동시에 하는 것을 생각할 때 '병렬' 또는 '병행'이라는 단어가 등장합니다. 병렬(Parallel)은 복수의 처리를 동시에 행하는 것입니다. 한편 병행(Concurrent)은 겉보기에 복수의 처리를 동시에 행하는 것입니다.

즉, 병렬 처리를 행하기 위해서는 복수의 CPU가 필수지만, 병행이라면 복수의 처리를 잘게 쪼개서 바꾸어 넣어가면서 실행하는 것으로 겉보기에는 동시에 실행하고 있는 것처럼 보입니다. 소프트웨어의 개발에 있어서 중요한 것은 병행 처리라고 할 수 있습니다.

많은 프로그래밍 언어가 병행처리를 쉽게 구현할 수 있게 해두었고, 그 방식에 따라서 구현하면 OS나 실행 환경이 CPU의 수에 맞추어서 자동으로 전환을 해줍니다.

다만, 병행 처리의 구현은 프로그래밍 언어에 따라서 크게 다릅니다. 이로 인해 성능 면에서도 큰 차이가 있습니다. 병행 처리의 구현의 용이성뿐 아니라 그 성능이나 구조 등을 배워 보면 프로그래밍 언어의 차이가 보입니다.

AST, LLVM, Clang

최근의 프로그래밍 언어를 배우고 있으면 자주 등장하는 키워드로 'AST'나 'LLVM', 'Clang'이 있습니다. 이 키워드들에 대해서 알기 위해서는 먼저 컴파일러가 어떻게 만들어져 있는지 알 필요가 있습니다.

여기서는 프로그램을 만들기 전 단계인 '프로그래밍 언어' 그 자체를 설계·작성하는 시점에서 생각해보겠습니다. 즉, 소스코드에서 컴파일하기까지의 단계를 어떻게 실행하고 있는지가 열쇠가 됩니다.

> 프로그래밍 언어는 다양하기 때문에 각각 구현방법은 다르지만 크게 나누어서 '어휘 분석', '구문 분석', '코드 생성'의 세가지 단계로 분류할 수 있습니다.

어휘 분석이란, 문자 그대로 소스코드에 사용된 문자를 읽어 들여 의미가 있는 문자열로 인식하는 단계입니다. 예를 들면, 예약어를 발견하거나 숫자 나열에서 정수값을 읽어 들이거나 합니다. 오래된 것으로는 Lex라는 툴이 있고 최근에는 조금 진화한 Flex가 유명합니다.

다음 구문 분석에서는 어휘 분석한 결과를 받아서 그 기술이 언어의 문법으로 문제가 없는지를 판단합니다. '파서'라고 불리기도 하고 오래 전부터 쓰인 Yacc이나 Bison과 같은 툴이나 톱다운 구문 분석을 사용한 LL 파서를 구현한 방법 등이 사용됩니다.

마지막으로 분석 결과에 따라 실행용 코드를 생성해 런타임에서 실행 또는 인터프리터 형식으로 실행합니다.

여기서 구문 분석한 결과를 트리 구조로 분석해, AST(Abstract Syntax Tree: 추상 구문 트리)라고 불리는 표현을 이용하는 언어가 늘고 있습니다. 이것에 의해서 소스코드에서 불필요한 데이터를 떼어버릴 수 있어서 애매한 표현을 제거할 수 있습니다.

다만 AST는 프로그래밍 언어에 고유한 것인 경우가 일반적이어서 다른 언어와 호환성이 없습니다.

임의의 프로그래밍 언어에 대응 가능한 컴파일러 기반이 되는 기술로는 'LLVM'이 있습니다. LLVM은 네이티브 코드가 아니라 가상 머신용 중간표현을 사용한 코드로 변환한 후에 특정 플랫폼에 맞춘 실행 파일을 생성합니다.

이 LLVM을 백엔드로 활용한 프론트엔드로 C언어나 C++, Objective-C 등을 위한 'Clang'이 있고 Apple을 중심으로 개발되고 있습니다.

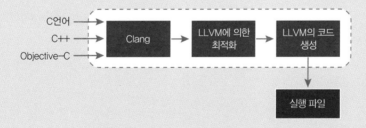

변수와 자료형

선언에 의해 확보하는 영역

컴퓨터는 '계산기'라고 번역되는 것처럼 계산에 의해서 처리를 실행합니다. 계산에서 취급하는 데이터를 일정기간 기억하고 필요할 때에 이용할 수 있도록 하기 위해서 '메모리'를 사용합니다. 메모리는 일시적으로 데이터를 기억해 두는 영역을 말합니다. 메모리에 데이터를 보존 및 참조할 때 '주소'라고 불리는 값을 사용해서 장소를 지정합니다.

주소를 지정하면 데이터에 액세스 할 수 있지만, 그 주소의 값을 사람이 기억해 두는 것은 힘들기 때문에 일반적으로 데이터를 보존할 메모리상의 주소에 이름을 붙인 '변수'가 사용됩니다. 많은 프로그래밍 언어에서 변수를 사용하기 전에 선언을 하는 것으로 영역을 확보하고 할당에 의해서 값을 저장합니다. 또 변수명을 지정해서 내용을 꺼내는 것이 가능합니다.

이 때 변수에 보관하는 내용에 따라서 '자료형'을 지정합니다. 이것은 보관하는 영역의 크기를 정하는 것입니다. 예를 들어 알파벳 한 글자를 보관한다면, ASCII 코드를 보관하기 위한 1바이트(8비트)의 크기를 확보해 두면 어떤 알파벳이든 보관할 수 있습니다.

정수를 취급할 경우, 8비트에는 0~255까지의 정수만 취급할 수 있기 때문에 16비트나 32비트, 64비트 등의 정수형을 준비합니다. 다만 어떤 경우이든 지정한 자료형의 사이즈를 넘는 값은 담을 수 없습니다. 그래서 담을 값의 크기를 사전에 예측해서 프로그램을 작성할 필요가 있습니다.

형추론과 형변환

대입한 값에 의해서 프로그래밍 언어가 자동적으로 자료형을 판단해서 영역을 확보하는 프로그래밍 언어도 있습니다. 이것은 '형추론'이라고 불리고 최근 등장한 프로그래밍 언어의 다수가 구현하고 있습니다.

예를 들면 'a=123'이라는 처리를 실행했다고 해보겠습니다. 이 때 변수 a의 자료형을 선언하지 않아도 123이라는 정수 값을 대입하고 있는 것으로 변수 a의 자료형을 정수형이라고 추론하고 있습니다.

자료형을 컴파일 시에 판단할지, 실행 시에 판단할지에 따라 각각 '정적 타이핑'과 '동적 타이핑'라고 부릅니다. 즉, 실행 전에 이미 자료형이 정해져 있는 언어가 '정적 타이핑', 실행 중에 그 변수가 사용될 때 변수의 자료형이 정해지거나 변하거나 하는 언어가 '동적 타이핑'입니다.

정적 타이핑의 장점은 처리를 빠르게 실행할 수 있을 뿐 아니라 프로그래머의 인위적 실수를 막을 수 있다는 것입니다. 정적 타이핑을 할 때 다른 자료형의 값을 대입하려고 하면 컴파일 시에 에러가 납니다. 반대로 동적 타이핑 언어를 사용하고 있다면 그 처리가 실행될 때까지 판단을 할 수 없습니다. 만약 같은 변수를 돌려써서 다양한 값을 대입해 버리면 소스코드를 순서대로 보지 않으면 어떤 것이 쓰이고 있는지 판단할 수 없습니다.

많은 스크립트 언어는 동적 타이핑을 채용하고 있습니다. 대규모 프로그램을 작성하는 것이라면 처리속도 보다 쉽게 기술할 수 있는 것이 우선시 됩니다. 컴파일도 필요 없고 한 번만 사용하는 프로그램도 많아서 그렇게 영향이 크지 않다고 여겨지고 있습니다. 변수의 선언이 불필요해서 대입을 했을 때 자동적으로 영역이 확보되는 프로그래밍 언어도 있습니다.

또한 어떤 자료형으로 변환하는 것을 '형변환'이라고 부릅니다. 예를 들면 '123'이라는 정수를 ' "123" '이라는 문자열로 변환하고 싶을 경우, 정수형에서 문자열형으로 변환을 합니다.

동적 타이핑의 언어라면 자동 형변환이 이루어지는 경우도 있습니다. 예를 들면 일부 언어에서는 ' "abc"+ 123 '이라고 처리가 이루어질 때 문자열인 ' "abc" '와 정수인 '123'은 덧셈을 할 수 없기 때문에 '123'을 ' "123" '이라는 문자열로 변환해서 문자열을 결합하는 처리가 이루어집니다.

하지만 정적 타이핑의 언어에서는 일반적으로 컴파일 시에 에러가 나게 됩니다. 만약 이런 처리를 하고 싶은 경우는 사전에 정수를 문자열로 변환하지 않으면 안됩니다. 이런 명시적 형변환을 행하는 것을 '캐스트'라고 부릅니다. 또 덧셈과 문자열의 결합의 연산자가 다른 언어도 있습니다.

다만 자료형에 따라서 자동 형변환이 이루어지는 경우가 있습니다. 예를 들면 int형과 double형, int형과 long형 등입니다.

값형과 참조형

정수처럼 보관할 값의 사이즈에 제한이 있는 경우뿐만 아니라 문자열처럼 보관하는 데이터의 크기가 변하는 경우가 있습니다.

> 그래서 대부분의 프로그래밍 언어에서는 '값형'과 '참조형'으로 나누어져 있습니다. 언어에 따라서는 값형을 '기본형'으로, 참조형을 '포인터형', '레퍼런스 형' 등으로 부르는 경우도 있습니다.

참조형은 담는 데이터를 별도의 장소에 보관해 그 데이터의 주소를 변수에 담고 있습니다. 그래서 데이터를 보관하는 장소를 자유롭게 선택할 수 있고, 데이터의 내용의 변화에도 유연하게 대응할 수 있습니다. 한편 처리 속도의 면에서는 직접 데이터에 접근할 수 있는 값형이 더 유리합니다.

그래서 Java처럼 기본형인 int형과 참조형인 Integer 클래스와 같이 담기는 값은 같아도 그 사용 방법에 대응해서 자료형을 복수 준비하고 있는 언어도 있습니다.

이것들을 상호 변화할 경우 박싱(boxing)과 언박싱(unboxing)이라는 처리를 하게 됩니다. 예를 들면 Java의 경우는 아래처럼 구현할 수 있습니다.

```
int price = 12345;

//박싱
Integer total = new Integer(price);

//언박싱
int value = total.intValue();
```

배열과 해시 테이블

같은 자료형의 데이터를 복수로 묶어서 처리할 때에 편리한 것이 배열입니다. 복수의 값을 보관하기 때문에 값의 수만큼 변수를 준비하는 것도 가능하지만, 배열을 사용하면 같은 이름으로 복수의 값을 보관할 수 있습니다.

예를 들면 어떤 테스트 결과를 보관하는 경우 등에 자주 사용됩니다. 학생의 수가 단 몇 명이라면 각각 학생에게 변수를 할당하면 되지만, 학생의 수가 늘어나면 일일이 할당하기가 어렵습니다. 만약 평균점수를 구하려고 하면 프로그램을 쓸 때도 힘들고 학생의 수가 변경됐을 경우 수정하는 것도 번거롭습니다 배열을 사용하면 인덱스를 지정하고 처리할 수 있기 때문에 반복문 등에서 처리가 가능하게 되어 수정도 쉽습니다. 다만 배열의 경우 인덱스가 필수입니다. 인덱스로 박준희는 0, 지은영은 1, 차선아는 2와 같이 지정하면 인덱스를 기억해 둘 필요가 있습니다

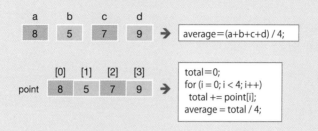

물론 학생번호처럼 숫자를 부여하는 방법도 있는데 편리한 방법으로 해시 테이블(연관배열)이 있습니다. **해시 테이블을 사용하면 키와 값으로 데이터를 관리할 수 있습니다.**

이것 때문에 지은영 이라는 키를 부여하면 그 점수가 보관되어 있는 주소를 계산해 값을 가져올 수 있습니다.

이 주소의 계산에 사용하는 것이 해시 함수입니다. 다른 값에서 같은 주소가 산출되면 올바른 데이터를 가져올 수 없게 되기 때문에 가능한 주소가 중복되지 않도록 함수가 사용됩니다. 이처럼 주소가 중복된 경우를 충돌이라고 부르는데, 가능한 충돌이 발생하지 않게 했을 뿐 아니라 충돌한 경우도 문제가 되지 않도록 고안되어 있습니다.

C언어처럼 역사가 오래된 언어에서는 해시 테이블이 표준으로 갖추어져 있지 않지만 대부분의 최근 언어는 해시 테이블을 기능으로 갖추고 있습니다.

함수와 절차형

서브루틴의 역할

프로그램을 만들 때 의미나 내용을 하나로 묶어서 처리하고 취급하면 편리합니다. 같은 처리라도 매개변수를 변경해서 여러 번 실행하고 싶은 경우나 소스코드의 가독성을 높이기 위해서 사용되어 '서브루틴'이라고 불립니다.

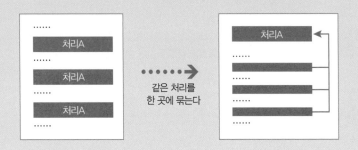

같은 처리를
한 곳에 묶는다

> 서브루틴에는 처리를 한 결과를 반환하는 것과 반환하지 않는 것이 있습니다. 각각 '함수'와 '프로시저' 등으로 부르고 구별해서 사용하기도 합니다.

예를 들면 Pascal 같은 언어에서는 function과 procedure와 같은 예약어를 사용해서 기술하기 때문에 소스코드 쓰는 법도 달라집니다. 이것들은 '함수형 언어', '절차형 언어'의 분류와는 다른 것이라서 주의가 필요합니다.

한편 C언어의 경우는 값을 반환하지 않는 것도 포함해서 모두 함수라고 부릅니다. 또 객체지향형 언어에서는 메소드라고 부르는 것이 일반적입니다.

재귀와 꼬리 호출

함수를 사용한 편리한 개념으로 '재귀'가 있습니다. 재귀는 수학의 점화식[1]과 같은 사고방식으로 같은 처리를 하는 프로그램을 보다 간결하게 쓸 수 있는 경우가 있습니다.

---

1 옮긴이 주_ 점화식은 수열에서 인접한 항들 사이의 관계식을 말합니다. 이 점화식과 함께 처음 몇 개의 항의 값이 주어지면 수열의 모든 항의 값을 구할 수 있습니다.

예를 들면 'a0 = 1, an+1 = 2an_ +1'과 같은 수열을 생각해봅시다. 직전의 수를 2배로 하고
1을 더한 수열로 '1, 3, 7, 15, 31, ...'처럼 계속됩니다. 수학적으로 일반항을 구하는 방법도 있
지만 여기서는 프로그램을 만들어서 제n항을 구해봅시다.

예를 들면 C언어에서 재귀를 사용하면 다음처럼 프로그램을 작성할 수 있습니다.

```c
#include <stdio.h>

int a(n){
    if (n == 0){
        return 1;
    } else {
        /* 함수a의 안에서 함수a를 호출 */
        return 2 * a(n - 1) + 1;
    }
}

int main(void) {
    int i;
    for (i = 0; i < 10; i++){
        printf("%d\n", a(i));
    }
    return 0;
}
```

물론 이런 예라면 수학적으로 일반항을 구하는 것도 가능하고 반복적으로 사용해서 표현하는
것도 가능합니다. 예를 들면, 배열과 반복을 사용해서 아래처럼 쓸 수도 있습니다.

```c
#include <stdio.h>

int main(void) {
    int i;
    int a[10];
    a[0] = 1;
    for (i = 1; i < 10; i++){
        a[i] = 2 * a[i - 1] + 1;
    }
    for (i = 0; i < 10; i++){
        printf("%d\n", a[i]);
    }
    return 0;
}
```

재귀를 사용하면 함수를 호출할 때 스택을 소비하기 때문에 호출이 깊어지면 스택 오버플로우
가 발생할 가능성이 있습니다. 이 때문에 위와 같은 프로그램이라면 반복문을 쓰는 것이 좋겠죠.

자신의 재귀호출이 함수 안의 마지막 단계인 재귀를 '꼬리재귀'이라고 부릅니다. 꼬리재귀의 경
우 쉽게 반복문으로 바꾸는 것이 가능합니다. 컴파일러에 의해서 최적화 되는 경우도 있습니다.

재귀를 사용하면 트리구조의 검색 등에서 편리한 경우도 있습니다. 분기를 순서대로 따라가서 다음 갈래에서도 같은 일을 반복하는 것 같은 경우, 재귀를 사용하면 간단하게 구현할 수 있지만 반복문으로 구현하는 것은 훨씬 복잡합니다.

함수 호출에서 값형과 참조형의 차이

변수에는 값형과 참조형이 있는데, 이것들은 함수 호출을 할 때 큰 차이를 보입니다. 함수를 호출할 때 그 파라미터로 넘기는 값을 '인수'라고 부릅니다.

이 인수에는 2종류가 있는데 호출한 함수에서 사용되고 있는 변수를 '실인수(인자)' 그리고 호출된 함수 측에서 사용되는 변수를 '가인수(매개변수)'라고 부릅니다. 가인수로서 값형의 변수를 그대로 건네는 경우, 함수의 안에서 그 변수의 값을 변형해도 인자에는 영향이 없습니다. 이것을 '값에 의한 호출'이라고 부릅니다. 반면 가인수로서 참조형 변수를 전달할 경우는 실인수가 가리키는 값이 변해버립니다[2].

이때 '값형'과 '값에 의한 호출', '참조형'과 '참조에 의한 호출'의 차이에 주의할 필요가 있습니다. 예를 들면 C++ 등 일부의 언어에서 '값형의 참조에 의한 호출'밖에 없기 때문에 실제로는 '참조형의 값에 의한 호출'이 실행됩니다. 한편 Java나 Ruby 등의 언어에서는 참조에 의한 호출밖에 없습니다.

		호출 방법	
		값에 의한 호출	참조에 의한 호출
자료형	값형	값형의 값에 의한 호출	값형의 참조에 의한 호출
	참조형	참조형의 값에 의한 호출	참조형의 참조에 의한 호출

부작용과 순수함수형

어떤 함수를 실행하면 상태가 변화해 그 이후에 얻는 결과에 영향을 주는 것을 '부작용'이라고 합니다. 부작용이 없는 함수의 예로는 C언어에서 볼 수 있는 strlen함수 등이 있습니다.

즉, 같은 인수로 그 함수를 실행하면 반드시 같은 결과를 반환해 다른 영향을 주지 않습니다. 하지만 같은 문자열의 길이를 요구하는 함수를 만들어도 다음처럼 구현해버리면 실행할 때마다 변수 i의 값을 바꾸어 버립니다.

---

2 옮긴이 주_ '값에 의한 호출'은 인자로 넘기는 값을 복사해서 새로운 함수에 넘겨주기 때문에 함수 안에서 그 변수의 값을 변경해도 원본의 값이 변경될 위험이 없습니다. 하지만 복사 등을 하기 때문에 상대적으로 고비용이 발생하게 됩니다. 반면 '참조에 의한 호출'의 경우 주소값을 인자로 전달해서 함수를 호출하게 되어 고비용이 발생하지는 않지만 원본 값의 변경이 일어날 수 있는 위험을 안고 있습니다.

```
#include <stdio.h>

int i = 0;

int str_len(char * str){
    int length = 0;
    i = 0;
    while (str[i] != '\0'){
        length++;
        i++;
    }
    return length;
}

int main(void) {
    printf("%d\n", str_len("abcde"));
    printf("%d\n", i); // 5를 출력
    printf("%d\n ", str_len("xyz"));
    printf("%d\n", i); // 3을 출력

    return 0;
}
```

순수함수형 언어에서 함수는 부작용을 가지지 않습니다. 즉, 함수가 같은 인수로 2번 호출되면 반드시 같은 것이 보장되어 다른 영향을 주지 않습니다. 위처럼 입력한 데이터 이외의 데이터가 변하면 부작용이 있는 것을 의미합니다.

또 순수함수형 언어에서는 반환값이나 인수에 의해서만 정해지고 같은 입력에 대해서 같은 결과를 반환하는 '참조 투명성'이라는 특성도 있습니다. 즉 처리에 사용하는 데이터는 인수로 지정된 것 이외에는 쓸 수 없습니다. 이로 인해서 각각 함수가 느슨한 결합이 되어 테스트가 쉬워집니다. 다만 이것만으로는 파일에 입출력을 할 수 없기 때문에 특수한 처리가 준비되어 있습니다.

Lisp-1과 Lisp-2

함수형 언어의 경우, 함수의 인자로서 함수를 넘겨주는 등 함수와 변수의 구별이 애매해지는 경우가 있습니다. 이때 함수와 변수의 네임스페이스가 분리되어 있지 않은 방식을 'Lisp-1'이라고 부릅니다.

네임스페이스가 1개 밖에 없는 방식인 Lisp-1의 예로 Scheme이나 JavaScript, Python 등의 언어가 있습니다. 이건 구조가 단순합니다. 반면 함수와 변수의 네임스페이스가 복수로 분리되어 있는 방식을 'Lisp-2'라고 부릅니다. Lisp-2의 예로 Common Lisp이나 Ruby, Smalltalk 등이 있습니다.

예를 들면 Python은 Lisp-1 등에서 아래와 같은 프로그램은 만들 수 없습니다(실행하면 'abc'를 출력한 뒤 마지막 행에서 에러가 납니다).

```
def abc():
    return "def"

abc = "abc"
print abc
print abc()
```

하지만 Ruby는 Lisp-2이기 때문에 아래와 같은 프로그램을 만들 수 있습니다(실행하면 'abc'의 뒤에 'def'를 출력하고 정상 종료합니다).

```
def abc()
  return "def"
end

abc = "abc"
puts abc
puts abc()
```

프로그래밍과 알고리즘

알고리즘은 변하지 않는다

프로그래밍 언어는 계속해서 새롭게 등장합니다. TIOBE 랭킹에서 가장 상위에 올라와 있는 Java도 등장한지 20년이 조금 지났을 뿐입니다. C#도 17년 정도이고, Swift의 경우는 3년 정도입니다. 이렇게 생각하면 10년 후에는 프로그래밍 언어를 둘러싼 환경이 완전히 달라져 있을지도 모르겠습니다.

한편 대표적인 알고리즘은 한 번 마스터하면 오래 쓸 수 있습니다. 아래에 등장하는 이진 검색이나 퀵 정렬 같은 알고리즘은 아주 오래 전부터 사용되어 왔습니다. 깊이 우선 탐색이나 넓이 우선 탐색과 같은 방법도 그 지식이 나중에 불필요해지는 일은 없을 것입니다. 공개키 암호 방식에 관한 알고리즘처럼 새로운 기술도 등장하지만, 그 기초가 되는 사고방식은 오래 사용할 수 있는 것입니다.

언어의 처리 속도 보다 알고리즘

프로그래밍 언어를 선택할 때 그 처리 속도를 중요하게 여기는 경우가 적지 않습니다. 확실히 인터프리터 보다 컴파일러 쪽이 빠른 언어가 많고 스크립트 언어의 처리속도를 비교한 웹 사이트도 많이 있습니다.

언어의 버전이 바뀌었을 때는 '항상'이라고 할 수 있을 정도로 이전 버전과의 처리속도 비교가 올라옵니다. 당연히 언어의 설계자나 처리계의 구현자는 성능 면의 개선 등을 항상 의식해서 개발을 하고 있기 때문에 처리 속도가 몇 배가 되는 경우도 드물지 않습니다.

하지만 프로그래밍 언어를 이용하는 입장, 즉 프로그램의 개발자로서는 하드웨어의 진화 등에 의해서 영향을 덜 받고 있는 것도 사실입니다. 물론 게임의 개발자나 대량의 액세스를 처리할 필요가 있는 서버 소프트 등의 경우에는 큰 영향이 있을 지도 모릅니다.

다만 비즈니스에서 사용하는 데스크톱 애플리케이션이나 사용자 수가 그렇게 많지 않은 웹 애플리케이션의 경우는 언어에 따른 차이로 문제가 되는 경우가 줄고 있습니다. 하드웨어의 속도가 빨라지고 충분한 양의 메모리를 탑재할 수 있는 환경에서는 언어의 차이로 고민하기 보다는 알고리즘을 바꾸는 것으로 압도적으로 빨라지는 경우도 적지 않습니다.

실제 언어에 의한 차이가 몇 배에서 몇 십 배 정도 있다고 해도 데이터 양에 따라서는 알고리즘을 바꾸는 것으로 수백 배, 수천 배가 빨라지기도 합니다. 프로그래밍에 대해 배우기 시작한 단계에서는 프로그래밍 언어를 비교하는 경우에 처리 속도로 선택하기보다 알고리즘을 배우는 쪽이 더 유용할지도 모릅니다.

계산량과 점근 표기법

복수의 알고리즘을 비교할 때 그 기준은 다양합니다. 처리속도가 빠른 것, 메모리의 사용량이 적은 것, 유지보수성이 높은 것 등이 요구되는 환경에 따라서 달라집니다.

만약 처리 속도를 비교한다고 해도 단순하게 처리에 걸리는 시간만 비교하면 컴퓨터의 구성에 따라서 결과가 달라집니다. OS의 차이나 다른 프로그램의 처리 상황에 따라 바뀌어 버려 정확하게 판단할 수 없습니다.

> 그래서 '점근 표기법'을 사용해서 계산량을 비교하는 방법이 사용됩니다. 점근 표기법은 처리하는 데이터의 양에 따라서 프로그램의 처리 시간이 변동하는 정도를 나타낸 것입니다.

예를 들면 입력된 데이터 양을 N으로 했을 때 N이 증가하면 처리 시간이 대개 N^2에 비례해서 증가하는 경우 $O(N^2)$라고 표현하고, 이런 알고리즘을 '$O(N^2)$의 알고리즘'이라고 부릅니다.

마찬가지로 N이 증가하면 처리 속도도 log N에 비례해서 증가하는 경우 $O(\log N)$이라고 표현합니다. $O(N^2)$와 $O(\log N)$을 비교하자면 N이 커졌을 때 다음 그림처럼 압도적으로 처리 시간이 바뀌는 것을 알 수 있습니다.

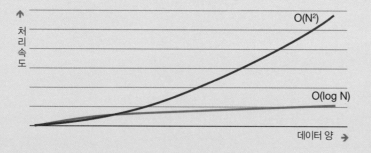

즉, 같은 결과를 반환하는 프로그램이면 $O(N^2)$과 같은 알고리즘이 아닌, $O(\log N)$과 같은 알고리즘을 구현할 수 있으면 처리시간을 큰 폭으로 단축할 수 있을 가능성이 있습니다.

그래서 다음에서는 효율적으로 처리할 수 있는 알고리즘으로 알려져 있는 이진 검색과 퀵 정렬을 소개합니다.

선형 검색과 이진 검색

컴퓨터를 사용하는 장점으로 검색이 쉽다는 점을 들 수 있습니다. 수첩에 메모를 했다고 해도 메모의 수가 많아지면 어디에 썼는지 찾는 것이 매우 힘듭니다. 한 권이 아니라 여러 권이 되어 버리면 거기에서 원하는 내용을 찾는 것은 매우 어려운 일입니다.

하지만 컴퓨터를 사용하면 대량의 데이터를 보존할 수 있을 뿐 아니라 그 안에서 원하는 데이터를 검색할 수 있습니다. 문장의 경우 키워드로 검색하는 것이 일반적이지만, 사진의 경우는 촬영 날짜나 촬영 장소 등을 사용하는 것도 가능합니다.

이때 많은 데이터 안에서 처음부터 순서대로 조사해가면 비효율적입니다. 많은 소프트웨어에서 고속으로 검색을 하기 위해서 다양한 방법을 사용하고 있습니다. 예를 들면 전화번호부 같은 데이터를 검색하는 것을 생각해봅시다.

종이 전화번호부의 경우 이름순으로 나열해 맨 앞 글자로 색인이 붙어 있는 경우도 있습니다. 즉, 예를 들면 맨 앞 글자가 'ㄹ'로 시작한다는 것을 알고 있으면 'ㄱ'부터 'ㄷ'까지는 볼 필요가 없습니다. 또 'ㄹ'로 시작하는 이름 안에서도 적절한 페이지를 펼치면 해당 데이터가 그 페이지 보다 앞에 있는지 뒤에 있는지 판단할 수 있습니다. 이것에 의해서 빠른 검색이 가능한 것입니다.

이와 같은 검색을 컴퓨터에서도 구현할 수 있습니다. 자주 사용되는 알고리즘이 '이진 검색'입니다. 데이터가 오름차순으로 나열되어 있으면 그 한 가운데의 값에서 시작합니다.

그리고 그 값과 비교해서 큰지 작은지를 판단합니다. 오름차순의 경우 원하는 값이 한 가운데의 값보다도 작으면 전반에, 크면 후반에 있는 것을 알 수 있습니다. 다음으로 그 절반의 데이터에 대해서 마찬가지로 가운데 위치를 설정해서 그 절반의 후반인지 판단해 갑니다.

이렇게 하면 1000건의 데이터가 있어도 10번의 비교로 조사할 수 있습니다. 이것은 데이터 수가 늘면 늘수록 효율적이어서 40억 건의 데이터라도 32번의 비교로 조사할 수 있습니다.

정렬에 대한 연구

이진 검색을 할 때는 데이터를 정렬해 둘 필요가 있고 사람이 파일을 볼 때에도 다양한 방법으로 정렬을 하고 있습니다. 파일명으로 정렬하고, 날짜와 시간으로 정렬하고, 성적으로 정렬하는 등 조건은 하나 이상일 수 있습니다.

이 정렬들을 바꾸는 방법도 몇 개 정도 생각할 수 있습니다. 예를 들면 배열에 들어가 있는 데이터를 오름차순으로 정렬해 두는 것을 생각해 볼 수 있습니다.

프로그래밍 입문 과정에서 자주 사용되는 예로 '선택 정렬'이나 '삽입 정렬', '버블 정렬' 등이 있습니다. 어떤 것이든 간단한 정렬 코드로 정렬을 구현할 수 있지만 데이터의 건수가 늘어나면 처리에 시간이 든다는 단점이 있습니다.

그래서 나오게 된 방법이 '머지 소트(합병 정렬)', '퀵 정렬'입니다. 퀵 정렬은 배열에서 적당하게 데이터를 하나 골라서 고른 값을 기준으로 크기를 비교해서 배열을 분할합니다. 분할된 배열의 각각에 대해서 다시 적당한 데이터를 하나 골라서 분할을 하는 것을 반복해서 정렬을 합니다.

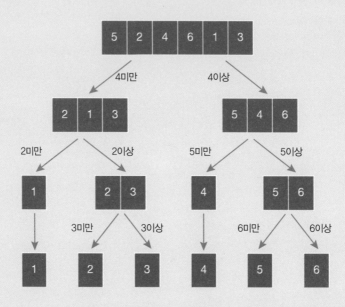

기준이 되는 값을 잘 선택하면 고속 처리가 가능하지만 선택 방법에 따라서 처리 시간이 많이 걸리기도 합니다. 다만 대부분의 경우 머지 소트나 퀵 정렬을 사용하면 고속 처리가 가능합니다.

많은 프로그래밍 언어에서는 정렬을 사용하는 라이브러리가 이미 준비되어 있습니다. 일반적으로는 직접 작성하기보다는 그런 라이브러리를 사용하는 편이 오류가 적고 효율적으로 처리할 수 있습니다.

재귀를 사용한 알고리즘의 예

하노이의 탑이란

앞서 등장했던 이분 검색이나 퀵 정렬 같은 알고리즘은 재귀적인 처리의 예로 자주 사용됩니다. 마찬가지로 재귀적인 처리를 쓰는 것으로 간단하게 구현할 수 있는 예로 '하노이의 탑'이라고 불리는 퍼즐이 있습니다.

하노이의 탑에서는 아래의 규칙에 따라서 모든 원반을 이동시킵니다.

- 크기가 다른 여러 개의 원반이 있고 작은 원반의 위에는 큰 원반을 쌓을 수가 없다.
- 원반을 둘 수 있는 장소가 3곳이 있고 처음에는 한 곳에 모든 원반이 쌓여 있다.
- 원반을 1번에 1장씩 옮겨서 모든 원반을 다 옮길 때까지의 횟수를 조사한다.

예를 들면, 3장의 원반이 있을 경우 아래와 같이 7회 이동을 할 수 있습니다.

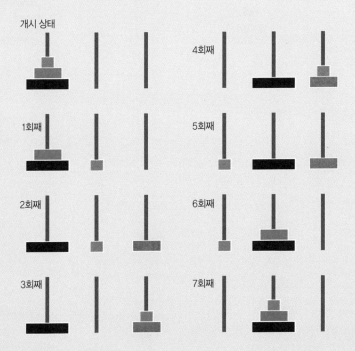

하노이의 탑을 프로그램으로 푼다

이 하노이의 탑에 있어서 n장의 원반을 옮기는 데에 최소로 필요한 횟수를 구하는 것을 생각해보겠습니다. a, b, c라는 3 장소가 있다고 생각하면 n장의 원반을 옮기기 위해서는 n-1장을 이동한 후에 가장 큰 1장을 옮겨서 다시 n-1을 옮긴다고 생각해볼 수 있습니다.

즉, n장의 이동 횟수를 h(n)이라고 하면 h(n)=2×h(n-1)+1이라고 표현할 수 있습니다. 이 것은 '재귀와 꼬리재귀' 부분에 등장했던 식과 같습니다. 또 일반항으로는 h(n)= 2^n-1로 표현할 수 있습니다.

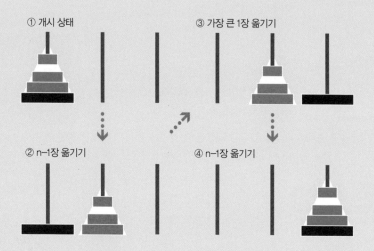

① 개시 상태   ③ 가장 큰 1장 옮기기

② n-1장 옮기기   ④ n-1장 옮기기

그래서 이 이동방법을 프로그램으로 출력해 보겠습니다. 예를 들면, a에서 b로 이동할 때 'a → b'처럼 출력을 하는 프로그램을 작성한다면 다음과 같이 쓸 수 있습니다.

본문의 언어별 도감 부분에서는 각각의 언어로 기술된 '하노이의 탑'의 예제 프로그램을 실어 두고 있으니 각 언어마다 비교해보면 좋을 것 같습니다.

```c
#include <stdio.h>

void hanoi(int n, char from, char to, char via){
    if (n > 1){
        hanoi(n - 1, from, via, to);
        printf("%c -> %c\n", from, to);
        hanoi(n - 1, via, to, from);
    } else {
        printf("%c -> %c\n", from, to);
    }
}
```

```
int main(void){
    int n;
    scanf("%d", &n);
    hanoi(n, 'a', 'b', 'c');

    return 0;
}
```

이를 실행하면, 예를 들면 'n=3'의 경우 아래와 같은 출력을 얻을 수 있습니다.

[입력]

```
3
```

출력

```
a -> b
a -> c
b -> c
a -> b
c -> a
c -> b
a -> b
```

부록: 프로그래밍 언어의 계보

지면의 제약 때문에 필자의 주관으로 간략화한 부분이나 생략된 언어가 있습니다. 실제로는 셀 수 없을 정도로 많은 언어가 서로 영향을 주고 받고 있어서 오래된 언어라도 새로운 버전을 통해 새로운 언어의 특징을 수용하고 있는 경우도 있습니다.

1950   1960   1970

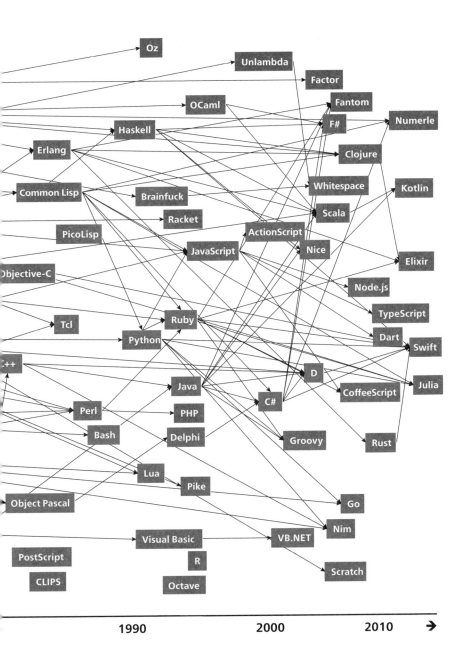

Oz
Unlambda
Factor
OCaml
Fantom
Haskell
F#
Numerle
Erlang
Clojure
Common Lisp
Whitespace
Kotlin
Brainfuck
Scala
Racket
PicoLisp
ActionScript
JavaScript
Nice
Objective-C
Elixir
Node.js
Tcl
TypeScript
Ruby
Dart
Python
Swift
C++
D
Julia
Java
CoffeeScript
Perl
C#
PHP
Bash
Delphi
Groovy
Rust
Lua
Pike
Object Pascal
Go
Nim
Visual Basic
VB.NET
PostScript
R
CLIPS
Scratch
Octave

1990   2000   2010   →

부록: 프로그래밍 언어의 연표

연도	언어	관련 언어	페이지	PC/IT업계의 사건
–	어셈블리어(어셈블러)	C	34	ENIAC(1946/펜실베니아 대학)
1957	Fortran	Octave	82	IBM7090(1959/IBM)
1959	COBOL	PL/I	60	마우스 발명(1961/엔겔 바트)
1964	BASIC	VisualBasic	44	IBM시스템360(1964/IBM)
1964	PL/I	COBOL	128	PDP-8(1965/DEC)
1970년경	Forth	Factor	80	UNIX(1969/벨 연구소)
1970	Pascal	Ada	120	Intel4004(1970/Intel)
1972	C	C++, Objective-C, D	50	세계 최초 컴퓨터 바이러스 Creeper(1971)
1972	Intercal	Unlambda, Brainfuck	92	Intel8008(1972/Intel)
1972	Prolog	Erlang, Oz	132	Alto(1973/팰로앨토 연구소)
1972	Smalltalk	Objective-C,Ruby, Scala	152	Intel8080(1974/Intel)
1973	sed	AWK	150	Altair8800(1974/MITS)
1975	bc		46	Microsoft 설립(1975)
1975	Scheme	LISP, Racket	146	CP/M(1976/Digital Research)
1976	SQL		154	AppleII(1977/Apple)
1977	AWK	sed	40	BSD UNIX(1978/빌 조이)
1977	Icon		90	Intel8086(1978/Intel)
1978	csh(Cshell)	bash	64	PC-8001(1979/NEC)
1983	Ada	Pascal	38	IBM PC(1981/IBM)
1983	C++	Java, D	54	MS-DOS(1981/Microsoft)
1983	Objective-C	Swift	112	PC-9801(1982/NEC)
1984	Common Lisp	Scheme	102	패밀리 컴퓨터(1983/닌텐도)
1984	PostScript		130	GNU(1983/MIT)
1986	CLIPS		56	Macintosh(1984/Apple)
1986	Erlang	Elixir	72	이치타로우(1985/JustSystems)
1987	Perl	PHP, Ruby	122	일본 마이크로소프트 설립(1986)
1988	Bash	csh	42	ISDN 서비스(1988/NTT)
1988	Tcl		158	Dynabook J-3100SS(1989/도시바)
1990	Haskell	Clojure, LISP	88	SPARCstation (1989/썬 마이크로 시스템즈)
1991	Oz	Prolog	118	NeXTSTEP(1989/NeXT)
1991	Python	Ruby	134	최초의 웹 사이트(1991/CERN)
1993	Brainfuck	Intercal, Whitespace	48	Linux(1991/리누스 토르발스)
1993	Lua		104	Mosaic(1993/NCSA)
1993	Octave		116	Windows3.1(1993/Microsoft)

연도	언어	관련 언어	페이지	PC/IT업계의 사건
1994	Pike		126	Yahoo!(1994)
1994	Racket	Scheme	138	PlayStation(1994/소니)
1995	Java	C#, Kotlin	94	Windows95(1995/Microsoft)
1995	JavaScript	CoffeeScript, TypeScript, Dart, ActionScript	96	Amazon(1995)
1995	PHP	Perl	124	AltaVista(1995/DEC)
1995	R		136	텔레호다이[1](1995/NTT)
1995	Ruby	Python	140	Yahoo! JAPAN(1996)
1996	OCaml	F#	114	Google검색(1997/Google)
1999	Unlambda	Intercal, Whitespace	162	iMac(1998/Apple)
2000	ActionScript	JavaScript	36	i모드 휴대폰(1999/NTT도코모)[2]
2000	C#	Java	52	ADSL(1999)
2001	D	C++	66	Wikipedia 프로젝트(2001)
2001	Visual Basic.NET	BASIC	164	Windows XP(2001/Microsoft)
2003	Factor	Forth	76	Xbox(2001/Microsoft)
2003	Groovy	Java, Ruby	86	Winny(2002)
2003	Nice	Java	108	WordPress(2003)
2003	Scala	Java	144	닌텐도DS(2004/닌텐도)
2003	Whitespace	Brainfuck, Unlambda	166	Facebook(2004)
2005	F#	OCaml, C#	74	YouTube(2005)
2006	Scratch	Smalltalk	148	Twitter(2006)
2007	Clojure	Haskell	58	iPhone(2007/Apple)
2007	Fantom		78	Kindle(2007/Amazon)
2008	Nim		110	Android(2008/Google)
2009	CoffeeScript	JavaScript	62	Windows7(2009/Microsoft)
2009	Go	Python	84	비트코인(2009)
2010	Rust	Swift	142	iPad(2010/Apple)
2011	Dart	JavaScript	68	Microsoft Azure(2010/Microsoft)
2011	Nemerle	C#	106	LINE(2011)
2011	Kotlin	Java, Scala	100	Windows8(2012/Microsoft)
2012	Elixir	Erlang, Ruby	70	iPhone5s(2013/Apple)
2012	TypeScript	JavaScript, Dart	160	PlayStation4(2013/소니)
2012	Julia		98	HTML5권고(2014/W3C)
2014	Swift	Objective-C	156	Windows10(2015/Microsoft)

1 옮긴이 주_ 텔레호다이는 1995년부터 NTT동일본, 서일본이 제공한 전화 서비스의 옵션 상품명을 말합니다. 심야, 조조 시간대(23시에서 다음날 8시까지)에 한해 미리 지정한 2개의 전화번호에 대해서 통화 시간에 관계 없이 월액액의 일정 요금이 되는 것으로 일반적으로 '텔레호'라고 줄여 부르기도 합니다.

2 옮긴이 주_ i모드는 NTT 도코모에서 피처폰에서 전자 메일이나 웹 페이지 관람 등을 할 수 있도록 제공한 세계 최초의 휴대전화 IP 접속 서비스입니다.

프로그래밍 언어 도감

1판 1쇄 발행 2018년 8월 1일
1판 2쇄 발행 2019년 4월 10일

저 자 | 마스이 토시카츠
역 자 | 김형민
발행인 | 김길수
발행처 | (주)영진닷컴
주 소 | 서울특별시 금천구 가산디지털2로 123
　　　　　월드메르디앙벤처센터 2차 10층 1016호
등 록 | 2007. 4. 27. 제16 – 4189호

2019. (주)영진닷컴

ISBN 978-89-314-5810-7

7